大家小书

大家写给大家看的书

周作人概观

舒芜 著

北京出版集团公司
北京出版社

图书在版编目（CIP）数据

周作人概观/舒芜著. — 北京：北京出版社，2017.7
（大家小书）
ISBN 978-7-200-12696-9

Ⅰ.①周… Ⅱ.①舒… Ⅲ.①周作人（1885—1967）—人物研究 Ⅳ.①K825.6

中国版本图书馆CIP数据核字（2017）第064112号

总 策 划　安　东　高立志
责任编辑　王忠波　秦　裕
责任印制　宋　超
装帧设计　北京纸墨春秋艺术设计工作室

·大家小书·

周作人概观
ZHOU ZUOREN GAIGUAN

舒芜 著

*

北京出版集团公司
北京出版社　出版
（北京北三环中路6号）
邮政编码：100120

网　　址　www.bph.com.cn
北京出版集团公司总发行
新 华 书 店 经 销
北京华联印刷有限公司印刷

*

880毫米×1230毫米　32开本　7.75印张　136千字
2017年7月第1版　2017年7月第1次印刷
ISBN 978-7-200-12696-9
定价：29.00元
质量监督电话：010-58572393

序　言

袁行霈

"大家小书",是一个很俏皮的名称。此所谓"大家",包括两方面的含义:一、书的作者是大家;二、书是写给大家看的,是大家的读物。所谓"小书"者,只是就其篇幅而言,篇幅显得小一些罢了。若论学术性则不但不轻,有些倒是相当重。其实,篇幅大小也是相对的,一部书十万字,在今天的印刷条件下,似乎算小书,若在老子、孔子的时代,又何尝就小呢?

编辑这套丛书,有一个用意就是节省读者的时间,让读者在较短的时间内获得较多的知识。在信息爆炸的时代,人们要学的东西太多了。补习,遂成为经常的需要。如果不善于补习,东抓一把,西抓一把,今天补这,明天补那,效果未必很好。如果把读书当成吃补药,还会失去读书时应有的那份从容和快乐。这套丛书每本的篇幅都小,读者即使细细地阅读慢慢地体味,也花不了多少时间,可以充分享受读书的乐趣。如果把它们当成补药来吃也行，剂量小，吃起来方便，消化起来也容易。

我们还有一个用意，就是想做一点文化积累的工作。把那些经过时间考验的、读者认同的著作，搜集到一起印刷出版，使之不至于泯没。有些书曾经畅销一时，但现在已经不容易得到；有些书当时或许没有引起很多人注意，但时间证明它们价值不菲。这两类书都需要挖掘出来，让它们重现光芒。科技类的图书偏重实用，一过时就不会有太多读者了，除了研究科技史的人还要用到之外。人文科学则不然，有许多书是常读常新的。然而，这套丛书也不都是旧书的重版，我们也想请一些著名的学者新写一些学术性和普及性兼备的小书，以满足读者日益增长的需求。

"大家小书"的开本不大，读者可以揣进衣兜里，随时随地掏出来读上几页。在路边等人的时候、在排队买戏票的时候，在车上、在公园里，都可以读。这样的读者多了，会为社会增添一些文化的色彩和学习的气氛，岂不是一件好事吗？

"大家小书"出版在即，出版社同志命我撰序说明原委。既然这套丛书标示书之小，序言当然也应以短小为宜。该说的都说了，就此搁笔吧。

庾信文章老更成

——舒芜的周作人研究

黄开发

周作人研究在中国大陆是随着思想解放运动的深入而逐步展开的。很长一段时间，研究者或多或少地受一个观点的影响，就是认为周作人留给后人的主要是历史的鉴戒。研究的途径则是把周作人附逆下水作为起点，然后回过头去看他的一生。鲁迅和周作人的比较研究一直颇受青睐，他们在"五四"和"五四"以前就存在歧异，经过新文化战线的分化和国民党的文化"围剿"而分道扬镳，从而走向不同的结局，这似乎成为深受政治革命理论框架影响的新文学史的极好的注脚。这种研究态度和思维方式在周作人研究中是有一定程度上的典型性，并且一直到二十世纪九十年代以后仍有余绪，是影响周作人研究拓展和深化的制约性因素。从某种意义上来说，新时期周作人研究的进步依赖于对这种研究态度和思维方式的克服。

我很愿意把舒芜的周作人研究放在这样的背景中谈论。舒芜的周作人研究起步不算早，然而他是带着相当的积累和准备加入到当时为数不多的研究者中的，并取得了众所瞩目的成果。《以愤火照出他的战绩——周作人概观》原以《周作人概观》为名发表于《中国社会科学》一九八六年第四、五期，是作者的第一篇周作人研究论文，在当时可谓横空出世，在文化界产生过广泛的影响。该文的意义主要在两个方面。第一，充分地肯定了周作人的地位。他指出，在"五四"新文学和新文化运动中的许多方面，周作人的"成就和贡献都是第一流的、开创性的"，"别人无可代替的"，"将永远成为中国新文化宝库的一个极重要的部分"。之所以要研究周作人，是因为在他身上"有中国新文学史和新文化史的一半"，因为"鲁迅的存在，也离不开他毕生和周作人的相依存相矛盾的关系"，因为"周作人的悲剧，则是和中国文化传统、中国知识分子历史性格有着甚深的联系"。对周作人研究意义的肯定其实也就是从另一角度对其自身地位的肯定。在此之前，还没有人给予他如此多的评价。第二，虽然全面介绍和评述了周作人，但它更重要的在于探索了"解决好问题的态度、尺度和角度"。文章突破了政治革命的理论框架，突出了研究对象自身的主体地位；因为只有这样，才能真正看清对象自身的价值以及丰富性、复杂性。在写作上采用短章节的方式，全文共分二十来节，表面看来似乎分得过于琐碎，然而却在全面介绍、评价周作人时起到了很好的作用，其好处在于腾挪转换自如，涵盖了周作人文学、文化和人生道路的各个方面，不同的方面正好组成了一个较完整的周作人的塑像。当时，一般研究者对周作人知之甚少，头脑中有关的信息无外乎他是鲁迅的弟弟，写过小品文，后来堕落成了汉奸。舒芜的文章自然会使他们惊奇：周作人原来是这样！他们也就有兴趣去做进一步的了解。

对研究者来说，作为一个中国知识分子，在他的价值天平上不能不充分顾及到周作人附逆的事实，总结周作人道路的教训是一个重要的研究课题。肯定他的功绩和价值，并非有意忽略或淡化他的不光彩的一面，而是要把它们各自放在合适的位置上。在《以愤火照出他的战绩——周作人概观》中，舒芜就试图总结出周作人悲剧的性质。在《理性的晴朗和现实的阴晴——周作人的文化心态》中，他以十八世纪启蒙主义式的理想与二十世纪悲观的现代意识的矛盾对立作为切入点，探讨周作人的文化心态和精神结构。作者告诉我们，周作人对自己文化心态的矛盾最为自觉，故能凝视荒诞的现实，坚持理性的观照。然而这种明净的观照，缺乏自我批判的精神，完全缺乏行动性，在血与火的时代，不能成为大众的引路人，并且会使自己在湍急的旋涡中缺乏掌握自己命运的力量。这是从更深的层次上探索周作人道路悲剧的原因。舒芜还对周作人的附逆问题进行了专门的研究，他有一篇文章《历史本来是清楚的——关于周作人出任华北教育督办伪职的问题》，此文的特点是主要通过周作人的日记说明他在一九三九年元旦的遇刺是中国方面对于附敌者的惩罚，揭露周与进驻他家的侦缉队之间的微妙关系和这个自称"沉门托钵的老僧"的奢侈生活。其文鞭辟入里，时见诛心之论。遗憾的是，这篇文章因为《周作人日记》的版权问题而未能收入集子。以后有论者把舒芜的一些观点概括为"唯文化论"，说他有意夸大文化的相对独立性，刻意抬高文化的地位来代替历史的尺度，从而为周作人的附逆辩护。这位论者大概是没有读到《历史本来是清楚的——关于周作人出任华北教育督办伪职的问题》一文吧。① 另外，在其他方面的研究中，也都渗透了作者的是非标准，他的肯定也往往是批判的肯定。

周作人最为人道的恐怕要数散文，散文也就是他思想的最主要的载体，研究者不管其兴趣何在，首先接触的是散文。然而，这依然是周作人研究中的薄弱环节。周氏是古今中外的通派，他的散文融合了诸多复杂的思想艺术成分，这些成分经过其人生道路变化的折射更呈现出扑朔迷离的色彩。因此，能否较准确、深入地把握他的散文艺术是对研究者功力的一个考验。舒芜这方面的工作是出色的，他的贡献大约有三。一、是对周作人散文平淡与不能平淡，闲适与不能闲适的辨析。很多人喜欢用"平淡""冲淡""闲适"这样的概念来标识周作人散文的艺术风格，而缺乏对其中包含的丰富性和复杂性的准确、完整的描述。舒芜

---

① 有兴趣的读者可翻看一九八七年第一期的《鲁迅研究动态》。

在第一篇论文中就较多注意到他的平淡里包含的苦味,苦涩中蕴含的腴润之美。到《两个鬼的文章——周作人的散文艺术》,他把前面的论点铺展开来,显示了可贵的进步,他充分谈论了包含在"平淡"中的复杂性,"平淡"和腴润的成因等。二、肯定了周作人后期散文文体上的成就。二十世纪三十年代以后,周作人多有抄书之作。在舒芜以前,认为周作人后期散文不足道差不多成了定论。《以愤火照出他的战绩——周作人概观》中写道:"周作人晚年许多读书笔记之类,往往通篇十之八九都是抄引古书,但是加上开头结尾,加上引文与引文之间的几句话的连缀点染,极萧寥闲远之致,读起来正是一篇贯穿着周作人的特色的文章,可谓古今未有的一种创体。"《两个鬼的文章——周作人的散文艺术》再次称赞周作人晚年"创造出一种前无古人后亦未必有来者的文体:即一篇之中主要是大段抄引古书的文体,所谓'文抄公'的文体"。据我所知,舒芜是新时期最早对周作人后期散文做出肯定的,尽管他还没有展开进行具体的研究。周作人后期散文中确有一批深折隽永之作,像《赋得猫》《关于活埋》《无生老母的信息》,他自己一直颇为看重。这种散文的写作与他后期退回书斋的生活方式密切相关。其外表枯澹,苏轼《东坡题跋》上卷《评韩柳诗》云:"所贵乎枯澹者,谓其外枯而中膏,似澹而实美,渊明、子厚之流是也。若中边皆枯澹,亦何足道。"周作人的散文做到了"外枯而中膏"。三、对周作人散文艺术的具体分析也有不少精彩之处,这里我就不再举例说明了。

舒芜是新时期以来周作人研究的代表人物,所受的批评和攻击最多。有人进一步追查"出身",把舒芜的周作人研究与他本人的经历和心态联系起来,大发"诛心之论"。有人在文章中暗示,二十世纪八十年代以后,舒芜"选择周作人作为学术研究对象是饶有意味的"。有人在论文中写道:"在舒芜的周作人研究中,几乎看不到实质性的反思和批判。对于周作人的人和文,他所流露的是不加掩饰的欣赏和同情,以及藏在欣赏背后的自我辩解。舒芜是把周作人看作精神导师而大加推崇,其中原委不言而喻。对于晚年的舒芜来说,周作人研究已不仅仅是学术研究,更是一种特殊的言说方式。以这种方式,舒芜实现了为自己辩解的目的。"由于没有实际的论证,这种"诛心之论"最终沦为了一种莫须有的猜度。其中,有的人是在有意抹黑。一个研究者分析了道德实用主义给学术研究的妨害,并评介周作人对此问题的审视和批判,指出:"他所强调的求知态度并不排斥道德原则,所反感的只是一种高高在上的道德傲慢罢了。"[①] "道德的傲慢"普遍存在于周作人研究中,借用周作人在《论笔记》一文中的话来说,"道德的傲慢"表现在某些人身上就是一种"教徒气"——头顶某种道义的

---

① 符杰祥《"知识"与"道德"的纠葛——周作人的学术思想及其研究的方法论问题》,《东岳论丛》2009年第5期。

光环，度量褊狭，性情苛刻，偶尔现出"正统派的凶相"。

舒芜对周作人的研究成果基本都收入了其论文集《周作人的是非功过》①，共十一篇文章，是对他五年间周作人研究工作的一个总结，这已经成为了中国现代文学研究的经典之作。这是一个饱经人生磨难的知识分子，带着强烈的入世精神和关心现实人生的情怀，对新文学、新文化和中国知识分子道路所进行的思考。这里没有丝毫迟暮之气，立论大胆新颖，敢为天下先，又铅华洗尽。展读此书，让我想到了杜甫的名句："庾信文章老更成，凌云健笔意纵横。"自然，"老而更成"是非常不容易的。

---

① 舒芜《周作人的是非功过》，人民文学出版社1993年6月版，2010年4月改版（收入"猫头鹰学术文丛精选"），辽宁教育出版社2000年9月印行增订本，增加论文1篇，加了一个"附编"，含学术小品19篇。

目 录

以愤火照出他的战绩
  ——周作人概观 …………………………………（1）
理性的清朗与现实的阴暗
  ——周作人的文化心态 ……………………………（112）
两个鬼的文章
  ——周作人的散文艺术 ……………………………（159）

以愤火照出他的战绩
——周作人概观

一

周作人是谁？今天中国青年读者恐怕不少人答不上来；有些人能答出一点，大概也只说得出他是鲁迅的弟弟，也是个作家，很不争气，堕落成了汉奸，如此而已。如果告诉他们：周作人在"五四"时期曾经是中国新青年心目中一个辉煌的名字，后来虽然暗淡了，但是，左翼作家当中眼光深远的，对他的学问文章仍然给以很高的评价。据周建人回忆，抗战前不久，冯雪峰还表示过这样的意思："周作人是中国第一流的文学家，鲁迅去世后，他的学识文章，没有人能相比。"[①] 后来，抗战爆发，周作人留在沦陷了的北平，全国文艺界和广大读者十分关心他的安危出处，郭沫若在上海发表了深情怀念周作人的文章，引用古诗"如

---

① 周建人《鲁迅和周作人》，载《新文学史料》1983年第4期。

可赎兮，人百其身"，说是只要周作人脱险南来，"比如就像我这样的人，为了掉换他，就死上几千百个都是不算一回事的"。① 可是，五个月后周作人就辜负了这些关心，背叛了祖国；而郭沫若当时正是冒险从日本潜回祖国来参加抗战，为爱国青年所敬仰的。今天的青年听到这些情况，恐怕吃惊不小，将信将疑。其实，这都不是太远的事，文艺界八十岁以上的老前辈们，都亲身经历过周作人的名字闪闪发光的时代。

那么，是不是要责怪青年对历史的无知，和极左文艺思想对历史的歪曲呢？当然二者都是事实，但是，还有另一个事实：周作人的确在祖国呼吸存亡之际，背叛了祖国，背叛了受难的人民，这是无可原谅的，不能不受到惩罚的。一代两代青年忘记了他，或者只知道他的罪恶和丑恶，这个惩罚对于他是轻了还是重了，都很难说，反正一切咎由自取，只该他自己负责。人民不可侮，历史不可欺，而历史的无情的规律不一定都是通过人民的明智和公平，有时反而是通过迷乱和偏激，曲曲折折地体现出来。

然而，历史又是有情的，公正的，这也常常是一个"曲线中的直线"的进程。近些年来，研究周作人的论著陆续发表了，周作人的历史功绩逐步透露给青年读者了，周

---

① 郭沫若《国难声中怀知堂》，载 1937 年 8 月 30 日出版的《逸经、宇宙风、西风·非常时期联合旬刊》第一期，转引自张菊香、张铁荣《周作人出任伪职的前前后后》，载《南开学报》1983 年第 2 期。

作人作品的选集也开始公开出版了。大概，一个历史人物如果既有无可原谅的罪，也有不容抹杀的功，那么两方面的账，都会一笔一笔记在历史的大账本上；一时之间可能只有某几页被揭开，另几页被掩住，但是迟早总会一页一页翻开，来一番总清理，哪一笔也漏不掉，错不了。

周作人这一本账，现在看来是可以动手清理的时候了。这是很值得做的。因为周作人的身上，就有中国新文学史和新文化运动史的一半，不了解周作人，就不可能了解一部完整的中国新文学史和新文化运动史。鲁迅的存在，也离不开他毕生和周作人的相依存相矛盾的关系，不了解周作人，也不可能了解一个完整的鲁迅。至于周作人的悲剧，则是和中国文化传统、中国知识分子历史性格有着甚深的联系，不了解周作人，就不可能了解什么是真正的中国文化，什么是中国知识分子的命运和道路。

周作人这本账又是很不容易算的。它太复杂了，太矛盾了，随便一想就是一大堆的问题。周作人的一生是连贯的，还是截然两段呢？截然两段的事当然不会有，那么，互相连贯的前后两个时期，是非功罪为什么这样相反呢？是前面有假，还是后面有冤呢？是先前侥幸成名，还是后来偶然小误呢？是无可理解无可论证的奇人异事，还是从错误到罪恶、从脱离人民到背叛祖国的完全说得清的发展呢？对于周作人的历史功绩究竟应该怎样估价呢？估高了，会不会同后面一段更加矛盾，更加难以解释呢？会不会减轻了他后来的罪恶，冲淡了人们的义愤呢？估低了，又怎样解释他当时在青年心目中的形象的辉煌，怎样解释在他尚未背叛祖国之前，革命作家们一直还给他以崇高的评价呢？周作人究竟怎样走上背叛祖国的道路，我们应该怎样来分析呢？怎样在他前段历史里寻找根源，做出科学的说明呢？还有，探讨这一切究竟为了什么？是仅仅具有历史的认识的意义，还是为当前的文学和文化事业继承一份不应该拒绝的遗产，为现实的需要总结历史的经验和教训呢？

这样一大堆问题（其实还可以举出许多），要想一个一个都解决好，不是短期间做得到的。现在只能在几个关键性的问题上，做一些初步的探索；其实还不是探索问题本身，只是探索一下怎样解决好问题的态度、尺度和角度。

二

究竟怎样来估价周作人的历史功绩，是首先要碰到的问题，或者说是我们今天要研究周作人问题的一个前提。历史上的汉奸有的是，其中也不乏先前有过某种光荣历史的，他们都没有多少好研究的，至少不需要作为文学史文化史上的大问题来研究。而周作人问题却是这样的大问题。正因为他在中国新文学新文化史上有过很大的历史功绩，否则这个研究根本就不必要了。

上面说过，一代两代青年忘记了周作人，那是他自取之咎，一些文学史著作中对周作人的全盘否定，也未尝不是历史的正义惩罚之曲折的体现。这当然不是说忘掉他的历史功绩就是科学的态度，不过是说这种不科学的态度仍然曲折地体现了历史的正义罢了。今天已经是新的时期，我们已经能够而且应该把科学的态度和正义的愤怒很好地结合起来，"以愤火照出他的战绩"①。近些年来，有关周作人的研究论著当中，逐渐敢于肯定周作人的历史功绩了。这是应该的，也是必然的。但是，有些文章肯定得很犹豫，很保留，似乎周作人不过是反帝反封建的新文学运动的一名普通参加者而已，这当然不符历史事实。有些论著作了犹豫保留的肯定之后，立刻又加上许多否定，例如说他的立场还是自由资产阶级的，世界观还是个人主义的，理论武器还是人道主义的，等等，说这些就是他终于堕落的根源。姑不论这些说法是否完全准确，即如所说，当时的知识分子当中，思想属于这一套体系的人还多得很，他们绝大多数后来都随着时代而进步过来，这是为什么呢？有的老作家，从来密切追随周作人，同样留在沦陷了的北平，与周作人一直保持良好的私人关系，但并没有追随他陷入叛国的泥沼，以后也是随着时代而进步，直到而今，这又是为什么呢？可见这些抑扬之论，不仅不能解决问题，而且也没有绕开问题，其用心自有不得已之处，大家都会理

---

① 此处借用鲁迅关于刘半农的话，见《且介亭杂文·忆刘半农君》。

解，但是显然不是今天所需要的科学态度。

现在需要的是，对周作人先前的历史功绩，实事求是地给以肯定，要肯定个够，不怕承认他在"五四"新文学新文化运动中做出了多方面的贡献，都是当时最高的水平，没有人超过他，没有人能代替他。

关于周作人的多方面的贡献，阿英曾有一个概括的评价："中国新文学运动的干部之一的周作人，在初期，是作为文艺理论家、批评家，以至于介绍世界文学的译家而存在的。他的论文《平民的文学》（一九一八）、《人的文学》（一九一八）、《新文学的要求》（一九二〇），不仅表明了他个人的文学上的主张，对于当时的运动，也发生了很广大的影响。批评方面，《自己的园地》（一九二二）一辑，确立了中国新文艺批评的础石，同时也横扫了当时文坛上的反动势力的'学衡派'批评家的封建思想。《沉沦》《情诗》二评，在中国新文学运动史上，可说是很重要的文献。说到介绍，从最初的《域外小说集》，到《点滴》《现代小说译丛》《现代日本小说集》《玛加尔的梦》《陀螺》等成册的作品的翻译，是更足以证明他对于中国的新文学运动，曾经贡献了怎样巨大的力。但是，到了一九二四年以后，他的努力与发展，却移向另一方面——小品文的写作，这以后周作人的名字，是和'小品文'不可分离地被记忆在读者们的心里，他的前期的诸姿态，遂为他的小品文的盛名所掩。"① 阿英的概括，很得要领；我们再补充一个方面，即文化思想和文化评论方面，就更完整了，这是非常重要的一个方面。只有补充了这一方面，其他各方面才贯串得起来，周作人的历史功绩的突出之处才看得清楚。

周作人在新文学运动中第一个提出"思想革命"的口号，文化思想上的问题是他一直看重的。他翻译外国文学作品，介绍外国文学思潮，讲外国文学史，目的都是为了文化思想战线上的斗争。他号召青年要学习十九世纪俄国文学怎样接受欧洲文艺思潮的榜样，"这并不是将'特别国情'做权衡来容纳新思想，乃是将新思潮来批判这特别国情"。(《艺术与生活·文学上的俄国与中国》)他提出著名"人的文学"的理论，是为了反对封建的非人的文学。他以大批评家的权威站出来支持郁达夫的《沉沦》和汪静之的情诗，是为了打击伪善的礼教。后来，他写出大量的小品文，成就之所以那么高，影响之所以那么大，就因为他善于用小品文来宣传某种文化思想，进行某种文化批判，不管他是在讲草木虫鱼，在论鬼神道佛，在谈东西学问，在评古今文章。他说过："我一直不相信自己能写好文章，如或偶有可取，那么所可取者也当在于思想而不是文章。"(《苦口甘口·自序》)他这是以思想家自居，也正是事实。

---

① 阿英《周作人的小品文》，原载《社会月报》，收入陶明志编《周作人论》，北新书局1934年12月初版。

他的各个方面的历史功绩,正因为都具有文化思想上的意义,才高出于当时的一般的水平,也才能够成为我们不该拒绝的遗产。

下面我们比较具体地看一看周作人在各个方面究竟有哪些历史功绩?突出之处何在?给我们留下哪些遗产?我们何以不该拒绝?

三

周作人最早是作为翻译家出现的。一九一八年一月,《新青年》第四卷第一号上发表周作人翻译的论文《陀思妥耶夫斯基之小说》(英国 W. B. Triter 作),这是他在这个新文化运动中心阵地上的第一次出阵。以后各期常有他的译文。第四卷第五号上,他发表了新文学运动中所作的第一篇论文《读武者小路君所作的一个青年的梦》,仍然是评论外国文学的。其实,他从事翻译工作还早得多,他参加新文学运动之前,已经译出了三十四篇外国短篇小说,七部中篇小说,广泛阅读了许多外国文学作品和文学研究著作。正是在这个底子上,一九一七年他开始在北京大学讲授欧洲文学史,编出了中国第一部欧洲文学史讲义,这也是他参加新文学运动的一个重要行动。后来直到一九二一年前后,他的写作工作仍以译述为重点,所译的欧洲和日本小说,小诗,散文,分别编为《陀螺》《冥土旅行》《狂言十番》《空大鼓》等集出版，当时都成为广大文学青年的精神食粮和看向外界的窗口。

周作人的翻译工作，首先是一种启蒙工作，用鲁迅《摩罗诗力说》中的话来说，就是"求新声于异邦"的工作。古老中国当时的闭塞蒙昧状态是可惊的。周作人自己在南京当学生的时候，已经渴望冲破这种闭塞和蒙昧，是当时阅读新书籍最多，接受新思潮最早的一类学生。可是他后来回忆当时"所受到的文学的影响，也就只是梁任公的《新小说》里所载的那些，主要是焦尔士威奴的科学小说，以及法国雨果——当时因为用英文读法称为嚣俄的名字，此外则是林琴南所译的哈葛得等，后来有司各得，其《撒克逊劫后英雄略》比较的有点意思"。（《知堂回想录》第七三节）他所接触到的外国文学还是这样贫乏狭窄，一般的读书人更加孤陋寡闻，可想而知。又过了十来年，"文学革命"的口号已经提出来之次年（一九一八），情况仍然没有很大变化，周作人回忆道："除却一二种节译的小仲马《茶花女遗事》，托尔斯泰《心狱》外，别无世界名著。其次司各得、狄更斯还多，接下去便是高能达利，哈葛得，白髭拜（Buothby）无名氏诸作。"（《艺术与生活·日本近三十年小说之发达》）周作人在这样闭塞的环境里进行翻译工作，其所以具有巨大的启蒙意义，不仅由于他选取的原作的广泛性、系统性，而且更主要的是由于他有新的文学观念，新的审美标准。

在周作人之前，林纾是中国第一个大量翻译外国小说的人。他使闭塞的中国读书人知道，西洋人不仅是船坚炮利，不仅长于声光电化，而且也还有这样好的文学，这个启蒙之功是不可没的。晚清的觉醒的青年，包括青年时期的鲁迅、周作人兄弟，都经过热爱林译小说的一段。周作人在《谈虎集·我学国文的经验》中写道："我们正苦枯寂，没有小说消遣的时候，翻译界正逐渐兴旺起来，严几道的《天演论》，林琴南的《茶花女》，梁任公的《十五小豪杰》，可以说是三派的代表。我那时的国文时间实际上便都用在看这些东西上面，而三者之中尤其是以林译小说为最喜看，从《茶花女》起，至《黑太子南征录》止，这期间所出的小说几乎没有一册不买来读过。这一方面引我到西洋文学里去，一方面又使我渐渐觉得文言的趣味，虽林琴南的礼教气与反动的态度终是很可嫌恶，他的拟古的文章也时时成为恶札，容易教坏青年。我在南京的五年，简直除了读新小说以外别无什么可以说是国文的修养。"但是，林纾仍然是个封建文人，没有什么新的文学观念，新的审美标准。正如周作人所说："译者本来也不是佩服他的长处所以译它，所以译这本书者便因为它有我的长处，因为它像我的缘故。所以司各得小说之可译可读者，就因为它像史汉的缘故，正与将赫胥黎《天演论》比周秦诸子同一道理。"（《艺术与生活·日本近三十年小说之发达》）加以林纾的译文用的是桐城派古文，更不足以显出异邦新声的特色。周作人的翻译工作,从他在日本与鲁迅合作译《域外小说集》时代起,观念就完全不同。鲁迅写的《域外小说集序》里,明言他们的目的是要使"异域文术新宗,自此始入华土",引进异的新的,就是他们共同的观念。

这种观念体现在翻译的态度上,也体现在译文上。关于周作人的翻译的态度,胡愈之曾经说:"像周作人氏那样谨慎,忠实,勤恳,把译书当作一种专门事业做的态度,是我们译书的人所应该取法的。"① 关于周作人的译文,钱玄同说得更具体:"周启明君翻译外国小说,照原文直译,不敢稍以己意变更。他既不愿用那'达'的办法,强外国人学中国说话的调子;尤不屑像那'清室举人'的办法,叫外国文人都变成蒲松龄的不通徒弟。我以为他在中国近来的翻译界中,却是开新纪元的。"② 那两种办法,前者指严复(主要指他译得最早、影响最大的《天演论》),后者指林纾。林、严二人对于西方文化的理解深度相差很远,但是,他们的译文还是中土之旧声而非异域之新声则是一样的。(严复后来的译文与初期不同了,那是后话。)周作人的译文完全打破了林、严的旧套子,力求显出"异域文术新宗"之异在何处、新在何处,钱玄同说他在中国翻译

---

① 胡愈之《炎画》,原载《一般》,转引自陶明志编《周作人论》,北新书局1934年12月初版。
② 钱玄同《对潘公展来信〈关于新文学的三件要物〉的答语》,载《新青年》第六卷第六号"通信"栏。

界中开新纪元并不过分。

周作人的功绩还在于,他把他讲授欧洲文学史当中的内容,以及他在有关外国文学的其他方面的广泛学识,用优美的散文写成大量介绍评论文章,贡献给读者。试以被阿英称为"确立了中国新文艺批评的础石"的《自己的园地》一集为例,其中评价外国文学的文章就有这些篇:《神话与传说》、《歌谣》、《谜语》、《论小诗》、《情诗》、《〈阿丽思漫游奇境记〉》、《〈王尔德童话〉》、《〈你往何处去〉》、《〈魔侠传〉》、《法布尔〈昆虫记〉》、《〈歌咏儿童的文学〉》、《〈俺的春天〉》、《儿童剧》、《儿童的书》、《三个文学家的纪念》(舒芜案:指弗罗倍尔、陀思妥耶夫斯基、波特来耳)、《席烈的百年忌》(舒芜案:席烈今通译雪莱)、《森鸥外博士》、《有岛武郎》、《日本的讽刺诗》、《希腊的小诗》。单是这些篇目就可以想见,在那个闭塞的时代,周作人是怎样努力于外国文学信息的输入了。

周作人这样做不仅仅是为了开拓读者的眼界,他是用这些材料来构成他的文化思想,用这些做尺度来进行文化批评,往后我们会看到对神话、童谣、生物学等等的研究都被他用作他的思想的基石,支持了他一生的思想。在新文学运动的初期,他把译述介绍外国文学的目的同他的关于"人的文学"的理论联系起来。他说:"因为人类的命运是同一的,所以我要顾虑我的命运,便同时须顾虑人类共同的命运。所以我们只能说时代,不能分中外。我们偶有创作,自然偏于见闻较确的中国一方面,其余大多数都还须介绍译述外国的著作,扩大读者的精神,眼里看见了世界的人类,养成人的道德,实现人的生活。"(《艺术与生活·人的文学》)从人道主义和大同主义的高度来阐明翻译介绍工作的意义,不能不说是当时别人都未达到的水平。

四

作为翻译家的周作人出现之后不久,作为文艺理论家、批评家的周作人又出现了。

新文学运动发难之初,陈独秀明确提出:要推倒贵族的、古典的、山林的文学,建设平民的、写实的、社会的文学。这个提法本来很深刻,涉及了文学的几个根本问题。可是他解释这两种文学的区别,仅仅在于一是"雕琢的阿谀的""陈腐的铺张的""迂晦的艰涩的",另一个则是"平易的抒情的""新鲜的立诚的""明了的通俗的",都只是从文学语言的技巧风格上着眼。而且连这些也没有在当时文学理论上发生很大影响。陈独秀的口号和解释之间的差距,表明历史的限制是很有力的,任何思想家都难免受到它的影响。当时讨论得最热烈的还是白话文问题,即现代人写文章特别是写文学性文章时,应不应该、能不能够用接近口语的书面语言,即白话文,来代替相沿甚久远离口语的书面语言即文言文的问题。胡适在这个讨论中居于新营垒主将的地位。他始终只讲"死文学"和"活文学",只讲用文言文写不出活文学,用白话文才写得出活文学。钱玄同、刘半农、傅斯年几位,也围绕这个问题做了许多推衍阐发。一九一八年四月出版的《新青年》第四卷第四号上面,胡适发表了《建设的文学革命论》,总结了新文学运动发难一年多的讨论成果,集中为两句口号:"国语的文学,文学的国语。"这篇文章当时被认为名文,它虽然很浅,却正与当时的一般水平相适应。

但是,胡适那样的理论,毕竟太浅了,不足以解决新文学运动中许多更深的问题。其中最需要解决的问题是:所谓文学革命,究竟是要用什么样的文学,来革什么样的文学的命?敌我阵线怎样划分?今天我们知道,当时文学革命的实质,是民主的文学反对封建的文学。陈独秀接触了这个区别,但是一触即去,再也没有发挥。至于胡适所谓活文学和死文学之分,更是概念模糊,内容贫薄,远远不能说明这个实质。作为文学理论家的周作人在这个时候登场,他在胡适的《建设的文学革命论》发表大半年之后,即一九一八年十二月,在《新青年》第五卷第六号上发表了《人的文学》(此文收入论文集《艺术与生活》),第一次用系统的理论划清了文学革命敌我两方的界限,把中国新文学理论的水平提高了一大步。他指出,生活本来就有"人的生活"和"非人的生活"两种,一切兽性的或强作神性的生活都是非人的生活,"灵肉一致"的生活才是人的生活。"人的文学"应该提倡人的生活,反对非人的生活。他进一步剖析:是否"人的文学",并不在乎写了什么,并不是写了非人的生活就是非人的文学,而是在乎怎么写。"这区别就只在著作的态度不同,一个严肃,一个游戏,一个希望人的生活,所以对于非人的生活,怀着悲哀或愤怒,一个安于非人的生活,所以对于非人的生活,感着满足,又多带着玩弄与挑拨的形迹,简明说一句,人的文学与非人的文学的区别,便在著作的态度,是以人的生活为是呢?非人的生活为是呢?"他举例说明:"譬如法国 Maupassant(莫泊桑)的小说《人生》(*Une Vie*)是写人间兽欲的人的文学,中国的《肉蒲团》却是非人的文学。俄国 Kuprin(库普林)的小说《坑》(*Jama*)是写娼妓生活的人的文学,中国的《九尾龟》却是非人的文学。"这个分析和举例当时非常著名,许多文学青年受到启发。甚至十多年之后,二十世纪三十年代之初,青年作家王西彦尽管已经是左翼文学的拥护者,仍然觉得在黑暗社会的非人生活现象面前,周作人这篇文章,特别是上述的分析和举例,最能指导他认识生活,评判生活。[①]

《人的文学》的思想基础,文中明言是人道主义。这篇文章的重要意义不在于此。重要的是,它第一次准确地、

[①] 王西彦《梦想与现实——〈乡土、岁月、追寻〉之五》,载《新文学史料》1984 年第 4 期。

敏锐地抓住一种生活、一种文学的特征,就是:把人不当人,特别是把女人不当人;把别人不当人,也把自己不当人;放纵自己的兽欲,把别人当作兽类,同时又拿了超凡入圣的标准去要求每一个普通人,压杀他们的平凡的要求和权利。反对这种生活,反对欣赏这种生活的文学,便是"人的文学"的任务。周作人虽然还没有能够从本质上揭示"民主文学"和"封建文学"的界限,但是他所抓住的这个特征不是别的,正是封建主义在生活上和文学上的根本特征。今天我们回顾五十多年的文学史,或者更加能够领味抓住这个特征的重要。文学不论用来干什么,都不能忘记它必须对付的是活生生的生活;用它来反封建,也必须是用来描写和评判活生生的封建生活和封建生活观念。《人的文学》全篇都体现出这个原则,这在中国文学思想上还是个全新的看法。

周作人后来还提出"平民的文学""个性的文学"以及"以平民的精神为基调,再加以贵族的洗礼"的文学,等等,这里不一一详论。关于他本着深厚的文学理论修养,开拓了中国新的文学批评方面的功绩,前面也曾略微提到过。这里还需补充的一点是,周作人对于新文学运动发难之初不得不集中讨论的文学语言问题,也有他独特的贡献。新文学提倡者们最初只是提倡书面语言要最大限度地符合口头语言,对于二者的区别,以及文学上的书面语言与其他书面语言的区别,却注意不够。胡适的口号:"有什话，说什么话。话怎么说，就怎么写。"最能代表一种简单化的看法。傅斯年大概第一个指出：单是口头语言不够用，必须吸收文言文中一切有助于补充口语之不足的成分。他的话没有引起多少注意。周作人一九二二年写的《国语改造的意见》（此文收入论文集《艺术与生活》），则不仅因为作者的名气而得到重视，而且文中的意见也更为周密深刻。他主张白话文一方面应该"欧化"，他解释这个名词易于引起误会，不同的语言本来绝不能同化，实际上只是说应该使语法严密化而已；另一方面，也应该采用文言文中有必要采用而没有复古意义的成分。他从整体上指出当时的白话文的缺点在于还欠高深复杂，需要的正是"尽量的使他化为高深复杂，足以表现一切高上精微的感情与思想，作为艺术学问的工具，一方面再依这个标准去教育，使最大多数国民能够理解及运用这国语，作他们各自相当的事业"。不能不承认，这种眼光是相当远大的。他自己后来在散文艺术上的很高的成就，原因之一正是他实践了自己的这个主张。

五

《人的文学》发表之后三个月，即一九一九年三月，周作人又在《每周评论》第十一号上发表了《思想革命》一文，为文学革命提出进一步的目标。他说："文学革命上，文字改革是第一步，思想改革是第二步，却比第一步更为重要。我们不可对于文字一方面过于乐观了，闲却了这一面的重大问题。"这样，周作人又作为思想革命的战士而出现。这原是他一向注意的，这时的提出，则是由于张勋复辟，接着又来了皖系军阀段祺瑞的黑暗统治，暴露出中国改革之尚未成功，有着迫切的现实原因。（参看《知堂回想录》第一一二节至第一一四节，第一一六节至第一二〇节。）

周作人在思想革命方面的突出贡献，在于他有一套完整的人文主义思想，加以广博的学识，能够把一切封建主义的文化思想和伦理道德观念，紧紧围困起来，剥得它体无完肤。他从《人的文学》起，多年之间几次说到西洋历史上"人的自觉"过程中的三大发现：十六世纪发现了人，十八世纪发现了妇女，十九世纪发现了儿童。（见《艺术与生活·人的文学》《自己的园地·儿童的书》《苦茶随笔·长之文学论文集跋》）这也就是他进攻封建主义的三条主要战线。他又多次说到他自己感兴趣的是生物学、文化人类学、性心理学、道德史，等等，他在这些方面的广博学识就是他攻击封建主义的诸路大军。他的最主要的战果有如下几项：

为了求得人的解放，必须反对吃人的礼教，这是"五四"文化革命的战士们的共同认识。而周作人则运用文化人类学、性心理学、道德史等方面的学识，揭露出礼教实际上是道教，更确切地说是萨满教，是原始的性的崇拜

（亦即性的恐惧）之恶劣化的遗留。"讲礼教者所喜说的风化一语，我就觉得很是神秘，含有极大的超自然的意义，这显然是萨满教的一种术语。……他们的思想总不出两性的交涉，而且以为在这一交涉里，宇宙之存亡，日月之盈昃，家国之安危，人民之生死，皆系焉。只要女学生斋戒——一个月，我们姑且说，便风化可完而中国可保矣，否则七七四十九之内必将陆沉。这不是野蛮的萨满教思想是什么？"（《谈虎集·萨满教的礼教思想》）本来鲁迅早就说过"中国根柢全在道教"，他是在朋友通信中说的，没有详细发挥（似乎他是偏重在吃人蛮风的遗留），大概他们兄弟二人经常交换过意见，成为他们共同的观点；周作人后来从他自己的路径做了深入的探讨，使庄严的礼教现出野蛮丑恶的本相，这是他的特殊的贡献。

在妇女解放问题上，周作人反对封建主义的战功大有可说，这里只能略举几项最突出的。首先是他能把封建的妇女观、性爱观的面貌，鲜明地勾画出来。他说："由上海气的人们看来，女人是娱乐的器具，而女根是丑恶不祥的东西，而性交又是男子的享乐的权利，而在女人则又成为污辱的供献。"（《谈龙集·上海气》）短短几句话，概括得又全面，又生动。所谓"上海气"，指的是这个半殖民地半封建性质的畸形大都市里的市民气和流氓气，骨子里还是一个封建主义，是弥漫在旧中国社会里的恶劣气味。这里有两个要素，一是宗教的，一是社会的。宗教方面是那种对于性、对于女子的"不净观",以及由此而生的对妇女的轻蔑。周作人指出:"儒教轻蔑女子,还只是根据经验,佛教则根据生理而加以宗教的解释,更为无理,与道教之以女子为鼎器相比,其流弊不相上下。"(《雨天的书·谈欲海回狂》)社会方面是男女权利、义务、道德的不平等,特别是与宗教的对妇女的轻蔑相结合的性爱婚姻上的不平等。周作人指出:封建的性爱观有一个核心,就是"性的游戏的态度,不以对手当做对等的人,自己之半的态度"。(《自己的园地·情诗》)既然女人反正只是玩弄的对象,享乐的器具,反正用不着同她们讲究人与人之间的道德,例如信义责任等,所以中国封建文人"以为欺骗女人,是男子的天职;至于女子的天职,只在受这欺骗与挨骂"。(《再论黑幕》,载《新青年》第六卷第二号)"因为夫为妻纲,而且女子既失了贞当然应受社会的侮辱,连使她失贞的也当然在内。"(《谈虎集·道学艺术家的两派》)周作人这些话都说得十分沉痛而愤怒。这是因为他对于被侮辱被损害的妇女实在是深切同情,而且相当了解。他指出:息夫人三年没有对楚王说过一句话,却给楚王生了两个儿子,这不是她一个人的红颜薄命,"差不多就可以说是妇女全体的运命的象征",易卜生笔下的娜拉也正是息夫人的命运。(《看云集·哑巴礼赞》)没有对妇女的深切同情,是说不出这样话的。周作人多次指出,既不应该说女人是恶魔,也不应该颂扬女人是圣母。他指出,历来虽有女小说家,但她们写的女人,"多不免以男子的理想为标准,或是贤媛,或是荡妇,都合于男子所定的范畴,但总之不是女子的天然本色"。(《苦口甘口·女子与读书》) 男性作家笔下,更不用说了。女子的天然本色是什么样的呢?周作人指出:"对于妇女的狂荡之攻击与圣洁之要求,结果都是老流氓(Rouè)的变态心理的表现,实在是很要不得的。……从前的人硬把女子看作两面,或是礼拜,或是诅咒,现在才知道原只是一个,而且这是好的,现代与以前的知识道德之不同就只是这一点,而这一点却是极大的。"(《谈虎集·北沟沿通信》) 唯其有这样切实的理解,所以他的同情也是切实的,不是虚夸的。他提出的这些妇女问题,我们现在都知道要在消灭了剥削制度以后,才可能彻底解决,然而仍然是要用大力气去解决,不是到时候问题自然消失,我们现实生活里每天都有许多例子证明这一点。周作人在这方面说过的话,常常是值得我们重新想起的。

在儿童问题方面,周作人多从正面来说,应该对儿童、儿童教育、童话(和神话、传说)有正确的理解,既不应该将儿童当作缩小的成人,也不应该当作不完全的小人,等等。"五四"时期的文化战士当中,经常注意这个问题的,也没有超过他的。

作为思想革命的战士,周作人有两个一贯的特点,一是提倡宽容,一是反对复古。"五四"时期他提倡的"宽容",主要是用作反封建反专制的武器。他有《文艺上的宽容》一篇文章（此文收入散文集《自己的园地》），系统地论述了宽容的问题，文中提出了一条"正当的规则"："当自己求自由发展时对于迫压的势力，不应取忍受的态度；当自己成了已成势力之后，对于他人的自由发展，不可不取宽容的态度。"这条规则显然是为了限制当时的已成势力即封建势力的。旧派受了攻击，也想拿了宽容的规则反过来限制新文学家，要求新文学家对他们实行宽容。周作人驳斥道："宽容者对于过去的文艺固然予以相当的承认与尊重，但是无所用其宽容，因为这种文艺已经过去了，不是现在的势力所能干涉，便再没有宽容的问题了。"他还说："若是'为文言'或拟古（无论拟古典或拟传奇派）的人们，既然不是新兴的更进一步的流派，当然不在宽容之列。——这句话或者有点语病，当然不是说可以'仇雠视之'，不过说用不着人家的宽容罢了。他们遵守过去的权威的人，背后得有大多数人的拥护，还怕谁去迫害他们呢？"这两段话很有名，很有影响，是"宽容论"的战斗性一面的最高表现。这样的"宽容论"实际上又同反复古联系起来了。

反复古是"五四"时期新文化运动中一面共同的旗帜。周作人的特殊贡献，在于他能把自己青年时期复古的经验拿出来，证明复古之路走不通。他有一篇《我的复古经验》（此文收入散文集《雨天的书》），当中说：他青年时期曾经学了章太炎的古文来翻译《域外小说集》；曾经特地学希腊文，准备把《新约》改译成周秦诸子和佛经式的古雅文章；尤其复得彻底的是，看到希腊古文都是整块连写，不但不分句读段落，也不分字，觉得古朴可法，与中国古文书的写法不谋而合，他写文章本来是一句一圈断句的，于是也把圈点取消。他总结这些复古的经验，得出一个"此路不通"的大教训。他引出结论是："这样看来，古也非不可复，只要复的彻底，言行一致的做去，不但没有坏处，而且反能因此寻到新的道路，这是的确可信的。……所可怕者是那些言行不一致的复古家，口头说得热闹，却不去试验实行，既不穿深衣，也不写小篆，甚至于连古文也写得不能亨通，这样下去，便永没有回头的日子，好像一个人站在死胡同的口头硬说这条路是国道，却不肯自己走到尽头去看一看，只好一辈子站在那里罢了。"这是有力的反戈一击，揭穿了复古家的浅陋和虚伪。其实他和鲁迅青年时期的复古，特别是留学日本以后，是当时民族主义爱国主义思潮的体现，是以"光复旧物"为革命的意思，与封建买办的复古不是一回事；所以他们才会抱着理想主义的热诚那么彻底地付诸实行，而封建买办的复古家们不过是要保护他们现实的既得利益，何尝知道古是怎么一回事？鲁迅曾一再戳穿这个真相。周作人则故作不知，"将"对方的"军"，这是他常用的独特战法。

作为思想革命的战士，周作人在当时青年心目中，得到充分的肯定。有一个青年作者这样评论他的《谈虎集》：

"我所感觉到的，似乎作者发掘中国民族的病根，态度越说越严重，情调越说越激发，题目越说越重大，说到最后，就是'怎么说才好'了！这岂不是作者几年来的话，不但等于白说，而且使作者见到所要说的对象益发显示了丑恶。这是作者对不起中国民族呢？是中国民族对不起作者？"[1] "作者真是一个民族主义者，而且是真正爱护中国民族的一个人。他的爱护并不在浮面的叫喊，更不是藉了叫喊而获得某种利益，他是始终如一地在攻刺中国民族底潜深而危害的病根。"[2] 这些话很可以代表二十世纪二十年代中国许多新青年的公意。

六

在发表《思想革命》之前一个月，即一九一九年二月，周作人在《新青年》第六卷第二号上发表了长诗《小河》，成为新诗运动史上一个新的里程碑。在当时青年心目中，作为大诗人的周作人，又是和他作为思想革命的战士的形象相重叠的。《新青年》本是以政治文化评论为主的刊物，对文学创作不怎么注重，这一期却是把这么一首长篇新诗放在第一篇，这样推重确是有眼光的。

---

[1] 董秋芳《谈〈谈虎集〉》，原载《语丝》，收入陶明志编《周作人论》，北新书局1934年12月初版。

[2] 同上。

周作人这首新诗,被胡适推为"新诗中的第一首杰作"①。郑振铎也说新文学运动的十年之间,新诗方面,朱自清的《踪迹》尽管已经远远超过了胡适的《尝试集》,"周作人的《小河》却终于不易超越!"②还有一位论者这样叙述新诗运动的历程:"最初自誓要作白话诗的是胡适,在一九一六年,当时还不成什么体裁。第一首散文诗而备具新诗的美德的是沈尹默的《月夜》,在一九一七年。继而周作人随刘复作散文诗之后而作《小河》,新诗乃正式成立。"③除了对沈尹默那首诗的评价,有论者个人的特别的欣赏领会,未必是为别人所同意而外,他把《小河》看作《尝试集》之后的第二个里程碑,这是后来文学史家大都同意的。

《小河》的成功,一方面是它本身好,一方面是它的出现,体现了新诗运动进一步发展的方向,实际解决了几个进一步发展必须解决的问题。这里只谈后一方面。

中国的新诗,是自《诗经》《楚辞》以来源远流长的中国诗史上的一页,是与上文相连的一页,然而又是全新的一页,不是任何旧的一页的新抄新版。它的新,第一个层次是语言的新,即用的是白话而不是文言。提倡白话文的

---

① 胡适《谈新诗——八年来一件大事》。
② 郑振铎《中国新文学大系·文学论争集导言》。
③ 愚庵(朱自清认为即康白情)在北社《新诗年选》中的评语,转引自朱自清《〈中国新文学大系·诗集〉选诗杂记》。

时候，守旧者自以为有一个坚强的堡垒，就是即使承认别的文章可以用白话，而"美文"，特别是美文中最精美的诗，总不能用白话。新文学运动者有意首先攻下这个堡垒，胡适的《尝试集》就是这个攻坚初战的成果。

证明了白话也可以写诗之后，中国的新诗还必须在格律上、审美标准上、感情境界上完成新变的过程。而初期几个新诗人的作品，却不能完成这个任务，胡适、沈尹默、刘半农的新诗，或者在格律、音节乃至审美标准、感情境界上都不脱旧诗词的痕迹，只有用了白话这一点不同；或者新是新了，只在"明白如话"上做功夫，结果伤于平浅，没有诗的韵味。周作人的《小河》，正是完全摆脱了旧诗词的格律、音节的影响，它的审美标准和感情境界都是旧诗词里从来没有的，虽是散文诗却有甚深的诗的韵味，这些都是自觉的，是实践他自己的主张的结果。

对于旧诗词格律的束缚，周作人曾经借着北京碧云寺御制诗碑上刻的乾隆皇帝的不通的诗的例子，作了深刻的讽刺："……但这实在是旧诗的难做，怪不得皇帝。对偶呀，平仄呀，押韵呀，拘束得非常之严，所以便是奉天承运的真龙也挣扎他不过，只落得留下多少打油的痕迹在石头上面。倘若他生在此刻，抛了七绝五律不作，去作较为自由的新体诗，即使作的不好，也总不至于被人认为'哥罐闻焉嫂棒伤'的蓝本罢。"（《自己的园地·山中杂信五》，此文又收入《雨天的书》）这个意见当时有力地说明了新诗产生的必要，今天还值得重视。今天还有人能作较好的旧体诗，带着镣铐跳的舞居然也还可观，我们不能据此便否认镣铐的束缚作用；至于不会跳这种舞的人尽可不跳，更不必勉强学跳出丑。

新诗要不要用韵，一直是有争议的问题，周作人对此也有很好的意见。他原则上主张新诗不要押尾韵而要有"内面的谐律"。他指出："试看几年来的有韵新诗，有的是'白话唐诗'，有的是词曲，有的是——小调，而且那旧诗里最不幸的'挂脚韵'与'趁韵'也常常出现了。那些不叶韵的，虽然也有种种缺点，倒还不失为一种新体——有新生活的诗，因为他只重在'自然的音节'，所以能够写得较为真切。这无尾韵而有内面的谐律的诗的好例，在时调俗歌里常能得到。我们因此可以悟出作白话诗的两条路，一是不必押韵的新体诗，一是押韵的'白话唐诗'以至小调。"（《自己的园地·古文学》）他写《小河》那样丝毫没有押韵痕迹的长诗，正是在"作白话诗的两条路"之间的自觉的选择，他晚年回忆这首诗说："当时觉得有点别致，颇引起好些注意。或者在形式上可以说，摆脱了诗词歌赋的规律，完全用语体散文来写，这是一种新表现。"（《知堂回想录》第一三一节）可见他对此完全有清醒的自知。

周作人对中国新诗发展的更重要的意见是，从审美标准和感情境界上，指出了初期新诗的不足。他说："中国的文学革命是古典主义（不是拟古主义）的影响，一切作品都像是一个玻璃球,晶莹透澈得太厉害了,没有一点儿朦胧,因此也似乎缺少了一种余香与回味。"(《谈龙集·扬鞭集序》)他并不是主张越朦胧越好,他只是主张"自由之中自有节制,豪华之中实含清涩",根本上他还是赞美民歌的"浑融清澈"。(《谈龙集·扬鞭集序》)这里有"浑融",其"清澈"就与玻璃球不同。他的《小河》追求的正是民歌似的"浑融清澈",带一点"朦胧",含几分"清涩"的境界。这种境界只是他个人的,而打破了那个"晶莹透澈"得太厉害了的玻璃球,引导新诗人寻找别样的境界,这个功劳却是历史的。

七

前面引阿英的话,说周作人一九二四年以后写作的重点转向小品文,大体上是可以这么说的。所以加上"大体上"的限制者,是因为一九二四年以前周作人那些文学评论和思想评论文章,已经写得很有艺术力量,而且篇幅以短的为主,也可以说就是小品文了。《自己的园地》一集,阿英说是"确立了中国新文艺批评的础石",固然不错,但是也有人把它算作新文学运动中第一本成功的小品文集。康嗣群《周作人先生》:"在文学革命的初期,许多白话的作品大都在试验中,那时我们看到诗、论文和小说,可是现在称为'小品散文'的都没有。直到作者先后写成了他的《自己的园地》和《雨天的书》，小品散文才算正式的成立了。"① 这也有他的道理。周作人那些文学评论和思想评论文章有两个特点。一是理智的平静的态度，这是对于评论对象的。曾有论者指出："他不用一种突然的反应（Reaction）的狂呼，也不是以诅咒和愤怒，却是以明彻的思想、事实的证据来驳斥，来矫正，以社会人类学的天秤来估计这些破铜烂铁，是旧社会旧礼教的致命伤，他提倡'净观'，这正是跟旧社会旧礼教针锋相对的强敌。"② 二是和婉的商讨的态度，这是对于读者的。他自己说从来"忌用武断夸张的文句"。（《苦茶随笔·杨柳》）这一句话透露出许多法门，说的只是字句问题，实质上也是态度问题。他自己也说过："不敢搦起笔来绷着面孔，做出像煞有介事的一副样子。"（《知堂回想录》第一七八节）这两个特点都是由于一种充实的自信，一种内心深处的优越感。反正真理在我手里，轻轻提起，缓缓道来，又有何妨。这就使文中有一种风度，文外有一种韵味，从而烘托、晕染、加深、延长了文章所说的道理的力量。这是两个根本的特点，一直贯穿在他后来的小品文当中。

周作人一九二四年左右把写作的重点转向小品文，是一个有根本意义的转变，转变原因是对思想革命、文学革

---

① 此文原载《现代》，收入陶明志编《周作人论》，北新书局1934年12月初版。

② 康嗣群《周作人先生》。

命的悲观。一九二四年二月，他写了一篇《教训之无用》（此文收入《雨天的书》，又收入《知堂文集》），这是他对思想革命悲观的宣告，所谓"教训之无用"就是说用文章来宣传新思想之无用。一九二五年一月，他又写了一篇《元旦试笔》（此文收入《雨天的书》），这是他对文学革命悲观的宣告，他向读者宣布，从此"把'文学家'的招牌收藏起来"。这以后，他其实并没有停止过思想评论和文学评论的活动，只是改变了方式，先前是直接正面地提出主张，后来是细数草木虫鱼，泛论鬼神道佛，涉猎东西学问，闲话古今文章，未必篇篇句句都有什么寓意，然而作者的整套的社会思想和文学思想都融在这些小品文当中。周作人有一句诗曰"惜无白粥下微盐"，正可以借来比喻他自己的小品文：一碗下了微盐的白粥，看不见盐，也未必每一粒米都沾了盐，每一粥汁里都含有盐，但是那一撮盐确实溶在这碗白粥里面，吃起来每一口都有淡淡的咸味。

周作人的第一个散文集《自己的园地》，一九二三年九月出版，如果不算作小品文集的话，那么接着一九二五年十二月出版的《雨天的书》，就是他的第一个小品文集。从此以后，周作人一生共出版了十九本小品文集，其中为抗战前所写作的约共有十集，他的小品文的盛名，主要就建筑在这十本集子，以及另外几种评论集上面。

周作人在《雨天的书》的《自序二》里面明白宣布："我近来作文极慕平淡自然的境地。"这是他努力追求的目标。本来，文章的平淡自然为尚，也是老生常谈了；周作人所追求的和他所达到的平淡自然，则是因为它有一种特殊色彩和韵味（当然每个作家的平淡自然无不各有其特殊性），而受到当时知识界的广泛欢迎。《雨天的书》的《自序一》，文章极短，却很重要，值得全文引录。

今年冬天特别的多雨，因为是冬天了，究竟不好意思倾盆的下，只是蜘蛛丝似的一缕缕的洒下来，雨虽然细得望去都看不见，天色却非常阴沉，使人十分气闷。在这样的时候，常引起一种空想，觉得如在江村小屋里，靠玻璃窗，烘着白炭火钵，喝清茶，同友人谈闲话，那是颇愉快的事。不过这些空想当然没有实现的希望，再看天色，也就愈觉得阴沉。想要做点工作，心思散漫，好像是出了气的烧酒，一点味道都没有，只好随便写一两行，并无别的意思，聊以对付这雨天的气闷光阴罢了。

冬雨是不常有的，日后不晴也将变成雪霰了。但是在晴雪明朗的时候，人们的心里也会有雨天，而且阴沉的期间或者更长久些，因此我这雨天的随笔也就常有续写的机会了。一九二三年十一月五日，在北京。

一九二三年的中国，虽然有《孙文越飞联合宣言》的发表，有京汉铁路大罢工，有孙中山的三大政策的确定，这些光明的历史因素的重大意义还没有充分显露出来，而当时政治中心的首都北京，以及南北各系军阀统治之下的广大国土，仍是一片黑暗。历届北洋军阀政府一个比一个丑恶。直系军阀吴佩孚二月间血腥镇压了京汉铁路大罢工，撕下了他历来的"开明"的假面。十月间，靠着吴佩孚的支持，曹锟当上了贿选的"大总统"，在历届北洋政府的"大总统"中，其血腥加铜臭的政治形象之丑恶超过了他的前辈。周作人说的阴沉气闷的雨天，我们不必硬解释为政治环境的阴沉气闷的比喻或象征，但是大概可以说是那种政治环境之下的人们的阴沉气闷的心境；其实文中明说，"在晴雪明朗的时候，人们的心里也会有雨天，而且阴沉的期间或者更长久些"，就是这个意思。以阴沉气闷为背景的对于江村小屋、清茶闲话的向往，这就产生了周作人的平淡自然的特殊色彩和韵味。

对于《雨天的书》，朱光潜曾经这样评论："除着《雨天的书》，这本短文集找不出更恰当的名目了。这本书的特质，第一是清，第二是冷，第三是简洁。你在雨天拿这本书看过，把雨所生的情感和书所生的情感两相比较，你大概寻不出区别，除非雨的阴沉和雨的缠绵，这两种讨人嫌的雨性幸而还没有渗透到《雨天的书》里来。"[①] 评得很对，说得很妙，简洁就是平淡自然，一清二冷就是这种平淡自

---

① 朱光潜《〈雨天的书〉》，原载《一般》，收入陶明志编《周作人论》。

然所特有的色彩和韵味。但是,所谓两种讨人嫌的雨性幸而没有渗透到书里来,这个说法却不完全确切。因为这里的清冷正是缠绵阴沉的背景之上的清冷,这个背景没有法子不渗透进来。周作人在自序里正是一再强调雨天的阴沉气闷,唯恐读者稍有忽视,所谓"聊以对付这雨天的气闷光阴罢了",其实是对自己这种小品文的很高的自信。自序中所说的江村小屋,火钵清茶,那几句话很有名,过去曾有论者以为这就是《雨天的书》的境界,恐怕有点误会。周作人明明说"这些空想当然没有实现的希望",可知这只是他向往的一种境界,实际达到的还是朱光潜指出的清和冷的美。在阴沉气闷的雨天里建造一个清和冷的审美世界来"对付这雨天的气闷光阴",这也就是周作人的小品文成功的关键。

八

周作人的小品文,并不是单纯一味的清和冷,它里面有很复杂很丰富的美,而又共同构成清和冷的美,这样才够得上称为一个"审美世界"。这里试指出其中一些较重要的美的因素。

首先是有苦味。这是周作人最自负的一点。他在《药味集自序》中说:"拙文貌似闲适,往往误人,唯一二旧友知其苦味……今以药味为题,不自讳言其苦。"《药味集》

出版于一九四二年，前一年（一九四一年）已经出版了《药堂语录》，其后一九四四年又出版了《苦口甘口》，一九四五年又出版了《药堂杂文》，更早一些则一九三五年已出版《苦茶随笔》，一九三六年已出版《苦竹杂记》，十年之间打出"苦"和"药"的旗号就有六次之多。正是这种苦味，博得黑暗中国的苦闷的知识分子的欣赏。

其次是腴润。任访秋引苏东坡评陶渊明诗歌所谓"质而实绮，癯而实腴"二语来评周作人小品文①，引用得很对。周作人曾经评论日本森鸥外的小说，有一种"理智的人的透明的虚无思想"，又说森鸥外与夏目漱石都有一种"低徊趣味"，文章都是"清淡而腴润"（《谈龙集·森鸥外博士》），这是周作人所欣赏的境界，也是他自己一贯追求的境界。

其次是质朴。周作人评论古今文章，总是用"质朴"两字作为最高的赞美。他曾比较中国古来谈狐说鬼的两种文章："文章宜朴质明净，六朝唐人志怪最擅胜场，传奇文便已差了，则因渐趋于华丽雕饰，阅微草堂与聊斋之比较亦正是如此。"（《药堂语录·洞灵小识》）他随时都是这样把朴质明净和华丽雕饰两种境界对应起来，褒贬分明。我们看周作人自己的小品文，也确实一贯力避一切华丽雕饰；

---

① 任访秋《从文学流派上看文学研究会与中国现代文学》，载《文学论丛》（河南省社会科学院文学研究所、河南省文学学会编）第二辑。

在质朴上面下功夫。他又曾评论日本的俳文云："归结起来可分三类，一是高远清雅的俳境，二是谐虐讽刺，三是介在这中间的蕴藉而诙诡的趣味，但其表现方法同以简洁为贵，喜有余韵而忌枝蔓。"(《药味集·谈俳文》)这三种境界也是周作人自己的小品文里所有的。不论哪种境界，都逃不出简洁的表现方法，可见这是一个总的基础。可是，质朴并非枯窘，余韵又不等于枝蔓，所谓"喜有余韵而忌枝蔓"，也就是"质而实绮，癯而实腴"的意思。

其次是"高远清雅"。这不是传统的士大夫式的雅，而是化俗为雅，其思想体系是属于现代的民主主义范畴。周作人说过："王阮亭评梦粱录，亦谓其文不雅驯，盖民间生活本来不会如文人学士所期望的风雅，其不能中意自是难怪，而如实的记叙下来，却又可以别有雅趣，但此则又为他们所不及知者耳。"(《药堂语录·如梦录》)周作人自己最善写这种文章，例如，他记上坟船中吃熏鹅云："在'上坟酒'中还有一种食味，似特别不可少者，乃是熏鹅，据《越谚》注云系斗门镇名物，惜未得尝，但平常制品亦殊不恶，以醋和酱油蘸食，别有风味，其制法虽与烧鸭相似，惟鸭稍华贵；宜于红灯绿酒，鹅则更具野趣，在野外舟中啖之，正相称耳。"(《药味集·上坟船》)这段文章本身就做到了化俗为雅，化之之道在于审美标准上自觉地站在野趣这一边，不取华贵的红灯绿酒那一边。

又其次是"蕴藉而诙诡的趣味"。周作人前期几篇抗议北洋军阀血腥镇压群众的名文,如《死法》《碰伤》《前门遇马队记》,前两篇收入《泽泻集》,后一篇收入《谈虎集》,都极富这种趣味。例如,《死法》抗议段祺瑞屠杀请愿学生,先比较各种死法,都不很好,最后只有枪毙一法最文明:"在身体上钻一个窟窿,把里面的机关搅坏一点,流出些蒲公英的白汁似的红水,这件事就完了:你看多么简单。简单就是安乐,这比什么病都好得多了。三月十八日中法大学生胡锡爵君在执政府被害,学校里开追悼会的时候,我送去一副对联,文曰:'什么世界,还讲爱国?如此死法,抵得成仙!'这末一联实在是我衷心的赠辞。倘若说美中不足,便是弹子太大,掀去了一块皮肉,稍为触目,如能发明一种打鸟用的铁砂似的东西,穿过去好像是一支粗铜丝的痕,那就更美满了。"这里面压缩着极大的悲愤,而出之以如此诙诡的形式,这当然不能代替严正的申讨挞伐,但是另有一种忘不掉排不去的力量。

最后值得一说的是善于吸收运用文言文的成分。如前所述,一九二二年周作人在论文《国语改造的意见》里面,已经主张一方面要以"欧化"的严密语法,一方面要吸收文言文中的必要成分,使白话文高深复杂起来。后来他自己的小品文,正是这样努力,在吸收运用文言文成分方面的成就尤大。一九三九年,他又说:"我们平日写文章,本来没有一定写法,未必定规要返古,也不见得非学外国不可,总之只是有话要说,话又要说得好,目的如此,方法由各人自己去想,其结果或近欧化,或似古文,故不足异,亦自无妨。"(《药味集·春在堂杂文》)说话更圆活了,似乎含糊笼统一些,其实更是经验之谈。周作人晚年许多读书笔记之类,常常通篇十之八九都是抄引古书,但加上开头结尾,加上引文中间寥寥数语的连缀点染,读起来正是一篇贯穿着周作人特色的文章,可谓古今未有的一种创体,当时曾被人讥为"文抄公",其实是很不容易做到的,也曾有追随学步者,一比起来高下就太悬殊了。

以上所说,未足以尽周作人的小品文的审美特点之全。现在引用一位论者的描述,大致勾出了周作人的小品文的审美世界的一个总的轮廓:

周作人先生以冲淡的笔调,丰富的知识和情感,和颇为适当的修辞来写出他的嗜好,他的生活,他的诅咒和赞美,他的非难和拥护;为了他"避开了恐怖与愤怒的而转向和平与友爱"的性情的流露,在他的文章里只有善意的劝告和委婉的商榷,听不见谩骂的恶声,也看不见愤然的丑恶的嘴脸。一个老店前独木招牌会使他神往,两具被屠杀的尸体也会使得他愤慨,缺少狂热也颇缺少冷静的,隐逸的和叛徒的血轮是如何在他的心房里跳动交流着,在他冲淡的笔调下,谈到苍蝇的传说,也谈到水乡的乌篷船;谈到江南的野菜,也谈到北京的茶食;谈到爱罗先珂,也谈到希腊的哲人；谈到被屠杀的尸体，也谈到平安的接吻。读他的文章，好像一个久居北京的人突然走上了到西山去的路，鸟声使他知道了春天，一株草，一塘水使他爱好了自然，青蛙落水的声音使他知道了动和静，松涛和泉鸣使他知道了美；然后再回到了都市，他憎恶喧嚣，他憎恶人与人间的狡狯，他憎恶不公平的责罚与赞美，他憎恶无理由的传统的束缚。①

这一切之所以能够化合成一个完整的清冷的审美世界，是由于一个最根本的东西起了催化和凝聚的作用，就是这位论者所说的那"缺少狂热也颇缺少冷静的，隐逸的和叛徒的血轮"。不过这个说法并不很确切，并且什么"谩骂的恶声"，什么"愤然的丑恶的嘴脸"，这些话本身倒是愤愤然的别有所指的，而这就关涉到研究周作人的第二个方面的大问题，即如何分析他从错误到堕落的道路的问题，须待下面展开讨论了。

九

以上粗略地介绍了周作人在新文学新文化运动当中，在外国文学的翻译介绍方面，在新的文学理论文学批评的

---

① 康嗣群《周作人先生》，原载《现代》，收入陶明志编《周作人论》。

建设方面，在思想革命的号召和实行方面，在新诗的创作和理论探索方面，在小品文的创作方面，成就和贡献都是当时第一流的，开创性的，具有周作人的特色而别人无可代替的，将永远成为中国新文学宝库的一个极重要的部分。这些成就都是周作人的前期的，即他的思想发展的上升阶段和下降之势与上升的余势相交战的过渡阶段的，以上所论大都以此为限。只有小品文方面不大一样。因为思想固然从根本上决定了文章，但又并不是那么机械的"同步的"关系，并不是思想一走下坡路，文章立刻就坏了。周作人的小品文的真正大成就还是在他的后期，我们检视和举证的时候，无法硬性断开。而且我们正好把小品文作为一座小桥，从周作人的前期跨到他的后期去。

这就是说，周作人后期纯然作为一个小品文作家出现，不是偶然的；无非写写小品文而已，而仍能成为思想上文学上的一大权威，也不是偶然的。一九二六年周作人正式宣布不再写长篇论文，"我以后只想作随笔了"。（《艺术与生活·自序一》）一九三〇年他又加以阐明道："我本来是无信仰的，不过以前还凭了少年的客气，有时候要高谈阔论地讲话，亦无非是自骗自罢了。近几年来却有了进步，知道自己的真相，由信仰而归于怀疑，这是我的'转变方向'了。不过我并不倚老卖老地消极，我还是很虚心地想多知道一点事情，无论是关于生活或艺术以至微末到如'河水鬼'这类东西。我现在没有什么要宣传，我只要听要知道。"(《艺术与生活·自序二》)原来小品文这时在周作人手里,已经不只是一个文学品种的意义,而是一个转变方向的大路标,上面写着"由信仰而归于怀疑",还大书两句口号:

> 我现在没有什么要宣传,我只要听要知道。

周作人说他自己"本来是无信仰的",并不符合事实,同"由信仰而归于怀疑"之说也自相矛盾,他说这话之前仅仅五年,即一九二五年,明明叙述了他自己的思想历程,由尊王攘夷思想而排满复古的民族主义,而世界主义,而亚洲主义,而反帝反封建的民族主义。(《雨天的书·元旦试笔》)这个叙述大体合乎事实,这些岂不都是信仰吗?所谓"由信仰而怀疑",就是对往日的一种忏悔,把一切理想信仰都看作盲从。这时他说的"本来没有信仰",只是标榜自己从不盲从的意思,他说的"没有什么要宣传",只是不要别人盲从的意思。至于他自称"很虚心地想多知道一点事情",真是所谓"大傲若谦"。周作人曾经说过:"对于狂妄与愚昧之察明乃是这虚无的世间第一有趣味的事","虚空尽由他虚空,知道他是虚空,而又偏去追迹,去察明,那么这是很有意义的,这实在可以当得起说是伟大的捕风"。(《看云集·伟大的捕风》)这就是所谓"我只要听要知道"的真实含义。

这是我们研究周作人问题时一个极需要注意的关键之处。这里要多用一点篇幅来引录周作人的一段话：

> 这一年里我的唯一的长进，是知道自己之无所知。以前我也自以为是有所知的，在古今的贤哲里找到一位师傅，便可以据为典要，造成一种主见，评量一切，这倒是很简易的办法。但是这样的一位师傅后来觉得逐渐有点难找，于是不禁狼狈起来，如瞎子之失了棒了；既不肯听别人现成的话，自己又想不出意见，归结只好老实招认，述蒙丹尼（Montaigne）的话道："我知道什么？"我每日看报，实在总是心里胡里胡涂的，对于政治外交上种种的争执往往不能了解谁是谁非，因为觉得两边的话都是难怪，却又都有点靠不住。我常怀疑，难道我是没有"良知"的么？我觉得不能不答应说"好像是的"，虽然我知道这句话一定要使提倡王学的朋友大不高兴。真的，我的心里确是空溯溯的，好像是旧殿里的那把椅子——不过这也是很清爽的事。我若能找到一个"单纯的信仰"，或者一个固执的偏见，我就有了主意，自然可以满足而且快活了；但是有偏见的想除掉固不容易，没有时要去找来却也有点为难。大约我之无所知也不是今日始的，不过以前自以为知罢了；现在忽然觉悟过来，正是好事，殊可无须寻求补救的方法，因为露出的马脚才是真脚，自知

无所知却是我的第一个的真知也。"(《雨天的书·一年的长进》)

尽管出之以种种反讽和微词,仍然透露出思想转变的原因,是在纷纭的荒谬的黑暗的现实面前,用了往日种种思想武器都败下阵来,又不想寻求新的武器,便反转来嘲笑一切武器。

于是,小品文这个东西,在周作人手里,是同自命洞察一切,评判一切,思想自由,文章真实等联系在一起的。至于长篇论文,他先前虽也写过,现在他却认为常常是同某种现成一套的教义,某种自我封闭的体系,思想固谬,文章做作联系在一起的。他后来再三再四地强调他"自知无所知",自号曰知堂,无非讽刺一切有理想有信仰的人都是不自知其无知,强不知以为知,听别人的现成的话,总之都是狂妄和愚昧,只有他才是真正的智者。智者不是教主,不是传道士,不必做什么长篇大论的说教,只需随宜点化,即小见大,条条道路通罗马,或者说大道本来就在蝼蚁,在稗,在矢溺,他就是从这样的自信来写小品文,学识和文章又足以副之,这就是他的小品文能给他在思想上文学上树立起持久的权威的缘故。

周作人真的是从此毫无信仰吗?他在小品文中不厌其烦地宣传蔼理斯的性心理学,安特路阑的人类学派神话学,弗来则的民俗学,这些其实也可以说都是他的信仰,然而也都不妨碍他自称无信仰。这里面是有一种虚伪性，但更值得注意的是，不管这些学说本身的作用和性质是怎样的，在周作人手里，都成为"察明同类之狂妄和愚昧"的显微镜。所以，他自称无信仰，不过是没有了对社会进步、人类向上、文教昌明的信仰，没有了积极方面的信仰；至于他对社会之无法改善，人类之永远愚昧，文化的根底永远还是野蛮，则是越来越坚信的，对于一切他能用来坚定自己这些悲观信念的理论和学说，他也是越来越坚信的。一般地说，他是以消极方面的信仰反对积极方面的信仰，却宣称自己一无信仰，而不自知其矛盾。更准确些说，他是自信已经洞察一切，先前相信过的这个那个主义固然已经不值再提，蔼理斯等也只是为我所用，他只相信自己，他以对自己的信仰代替了其他一切信仰，所以，他宣称一无信仰也可以说毫无矛盾。正是这种"万物皆备于我"的自信，和足以配得上这种自信的渊博的学识，形成了他的小品文的什么都可以谈，什么都谈得有意思，掉臂游行、卷舒如意的特色。后来，林语堂在小品文刊物《人间世》上宣布的"宇宙之大，苍蝇之微，皆可取材"，成为小品文家的口号，常为反对者所讥，小品文家并不服气，他们自命自许的是：一篇一篇看来可能都是苍蝇之微，合起来便是宇宙之大。实际上，许多小品文家并未做到这一点，只有周作人的确是用了他的二十多本小品文集，画出了他所看到的整个世界，画出了他自命深知，十分轻蔑，而又施以悲悯的整个世界。周作人前期的各个方面的功绩虽然是第一流的，无人代替的，但是也曾是当时几位站在最前列的战士中的一个，并不是唯一的一个。只有他后期用小品文画出整个世界，代表着一大部分彷徨苦闷的知识分子的最深刻的情绪，而这些知识分子谁都没有把适合他们的看法的整个世界画出来，在这里，周作人才是唯一的一个。阿英说："我要申说，就是周作人的小品文，在给予读者影响方面，前期的是远不如后期的广大。"① 当时实际情况正是如此。我们研究周作人的问题，也要有勇气承认这个事实。

一〇

上面说周作人的思想发展，上升期之后有一个过渡期，即上升的余势和下降的趋势相交战的时期，大致说来，就是从《语丝》周刊创办直到被军阀张作霖查封（一九二四——一九二七）这几年之间。

这是中国思想界大分化大改组的时期。任访秋说："在《新青年》团体散掉后，从《新青年》的革命传统的继承上来说，可以说一分为三：在纯文艺上，为文学研究会；在对旧文化与旧社会的批判来说，为语丝社；而在宣传马克

---

① 阿英《周作人的小品文》，原载《社会月报》，收入陶明志编《周作人论》。

思主义，与运用马克思主义的新观点来批判中国社会则为二〇年九月后的《新青年》以及《响导》等。"① 这个分析很能概括当时思想界的大势。他又说："《语丝》中也论文学，也发表短短的文艺作品，但其主要则为对封建文化与黑暗现实的揭露与抨击。……就当时的文坛来看，《语丝》最具有强烈的战斗色彩。"② 这也是很公正的评价。而这个具有强烈的战斗色彩的《语丝》，就是在鲁迅、周作人兄弟合力支持下办起来的。一开始，周作人就是实际上的主编，发刊词的执笔者，鲁迅是最主要的撰稿人。刊物被查封后，迁上海出版，鲁迅担任主编。

《语丝》的最辉煌的一次战斗，是一九二五年在北京女子师范大学风潮中，声援被迫害的学生，反对封建的校长杨荫榆及其支持者教育总长章士钊，和章士钊门下的《现代评论》派文人陈源教授之流。鲁迅是这一战役的主将。后来周作人回忆道："《语丝》的文章古今并谈，庄谐杂出，大旨总是反封建的，但是等到陈源以'正人君子'的资格出现，在《现代评论》上大说其'闲话'，引起鲁迅的反击，《语丝》上这才真正有了生气，所以回忆《语丝》这与女师大事件是有点分不开的，虽然后来在国民党所谓清党时期这也很用了一点气力。陈源的文章说俏皮话的确有点

---

① 任访秋《从文学流派上看文学研究会与中国现代文学》，载《文学论丛》（河南省社会科学院文学研究所、河南省文学学会编）第二辑。

② 同上。

功夫,就只惜使用在斜路上,为了同乡关系去替代表封建势力的女校长说话,由俏皮而进入刻薄卑劣,实在够得上'叭儿狗'的称呼,但如果不是鲁迅的强有力的笔,实在也不容易打得倒他。"(《〈语丝〉的回忆》,载《鲁迅研究资料》第三辑)鲁迅的这些战斗文章,后来收在《华盖集》《华盖集续编》当中,这里不详论。至于周作人这个时期在《语丝》上发表的参加这个战斗的文章,大都是从侧面配合,抓住陈源诬蔑女学生品行的下流语言,揭露这种自称"正人君子"者流的真面目。他和陈源交手几个回合之后,终于说出了这样的话:

> 我看不起陈源的是他的捧章士钊,捧无耻的章士钊,做那无耻之尤的勾当。《现代评论》当初虽然不是我们的同志,但也未必便是敌人,他们要收章士钊的一千元,也不干我事,只要他们不丢脸,不要当作贿赂拿,但是,看呵,这样一副情形,由不好惹的陈源先生起来千方百计明枪暗箭地替章士钊出力,闲话具在,不是别人能够"伪造"的。这不但表明陈源是章士钊的死党,而《现代评论》也不愧因此而谥为"白话老虎报"。(《并非睚眦之仇》,载《语丝》第七十五期)

这真是疾言厉色,义正词严了。虽然同他所要追求的冲淡和婉之风很不符合，后来他更用了"打架文章"一个恶谥作了彻底的自我否定，但是，从我们今天看来，这正是他先前的战士余风之可贵的表现。写文章之外，周作人还在这个事件中参加了更实际更直接的斗争。他和鲁迅共同签名于著名的女师大七教授宣言①，驳斥杨荫榆校长的歪曲事实，颠倒是非的宣言。章士钊下令解散女师大之后，周作人又与鲁迅一同参加校务维持会，领导学生抵制解散令，找临时校址继续上课，直到章士钊离开教育部，女师大复校。

一九二五年还有一件大事，就是由"五卅"惨案引起的全国规模的反帝国主义斗争。《语丝》立即投入了这场斗争，周作人发表了强烈抗议文章《黑背心》，还发表了《日本与中国》《日本浪人与〈顺天时报〉》等揭露和痛斥日本侵略者的文章。（均收入《谈虎集》）对于日本侵略者在中国办的汉文报纸《顺天时报》，周作人一针见血地指出它"是日本军阀政府之机关，它无一不用了帝国的眼光，故意地来教化我们，使潜移默化以进于一德同风之域"（《谈虎集·日本浪人与〈顺天时报〉》）；指出这种报纸的"主张无一不与我辈正相反，我们觉得于中国有利的事他们无不反

---

① 七教授即马裕藻、沈尹默、周树人、李泰棻、钱玄同、沈兼士、周作人，他们共同署名的宣言发表在1924年5月27日《京报》上。通常署名最后的总是起草人，但周作人晚年回忆说这宣言不像是他的手笔，究竟谁是起草人已无从查考，见《知堂回想录》第一四六节。许广平则说是鲁迅拟稿，未见旁证。

对，而有害于中国者则鼓吹不遗余力"（《谈虎集·日本与中国》）；指出这种报纸的危害的严重性是在于"在我们眼前拿汉文来写给我们看，那是我们所不可忍的"（《谈虎集·日本与中国》）；指出"中国的士流也发表同样的议论，而且更有利用此等报纸者，尤为丧心病狂"（《谈虎集·日本与中国》）。从这时开始，周作人在好多年中坚持了对《顺天时报》上的和其他日本侵略者的侵华反华谬论的战斗。试以《谈虎集》一集为例，五十六篇文章之中，反对日本侵略者的文章就有十五篇，这十五篇[①]是《日本与中国》《日本浪人与〈顺天时报〉》《日本人的好意》《再是〈顺天时报〉》《排日平议》《裸体游行考订》《希腊的维持风化》《清朝的玉玺》《李佳白之不解》《清浦子爵之特殊理解》《支那民族性》《李完用与朴烈》《文明国的文字狱》《雅片祭灶考》《剪发之一考察》，约占百分之二十七，此外，还有不少未收入集子的。（顺便说一句，联系他后来投降日寇的历史来看，这里面的悲剧意义真是很深刻的了。）

次年，即一九二六年，段祺瑞执政府公然在国务院门前，对于反对日本侵略的请愿群众，实行大规模的屠杀，造成震惊中外的"三一八"惨案。《语丝》在这个事件中，也是反对军阀政府血腥统治的一个坚强的舆论阵地。鲁迅

[①] 周作人自己在《知堂回想录》第一四三节中说是十四篇，可能把其中某一篇只是涉及而非专对《顺天时报》的不算在内。

在这里发表了战斗的名篇《纪念刘和珍君》。周作人也发表了沉痛的《关于三月十八日的死者》，愤激的《死法》，和《新中国的女子》；这末一篇热烈歌颂中国革命女青年，肯定妇女在革命中的重大作用，这在周作人所有关于妇女问题的言论中有特殊的意义。（三篇均收入《泽泻集》）他虽然一贯同情妇女，但通常只是理解和悲悯而已，像这种革命性的颂歌是极为少见的，大概是他所认识的刘和珍等女烈士的英勇牺牲给他的印象太强烈了的缘故，可惜只是火花一闪，没有继续发扬。

上面所引周作人的回忆，就《语丝》"后来在国民党所谓清党时期这也很用了一点气力"，这是含蓄地说到他自己的贡献了。早在一九二六年二月，上海国闻社报道蔡元培的谈话，有主张"采克鲁泡特金之互助手段，反对马克思之阶级争斗"等语，周作人就在《语丝》上针锋相对地加以评论，很精辟地指出：

> 阶级争斗已是千真万确的事实，并不是马克思捏造出来的，正如生存竞争之非达尔文所创始，乃是自有生物以来便已实行着的一样：这一阶级即使不争斗过去，那一阶级早已在争斗过来，这个情形随处都可以看出，不容我们有什么赞成或反对的余地。因之，由我外行人说来，这阶级争斗总是争斗定的了……（《外行的按语》，载《语丝》第六十七期）

同年，章炳麟附和南北军阀"讨赤"（"赤"指国共合作的国民革命军和倾向革命的冯玉祥的国民军），接二连三发表通电，周作人又立即在《语丝》上发表了断绝师生关系的严正声明《谢本师》。《谢本师》结尾云："'讨赤'军兴，先生又猛烈地作起政治的活动来了。……到得近日看见才三个电报，把'巢平发逆'的'曾文正'奉作人伦楷模，我于是觉得不能不来说一句话了。先生现在似乎已将四十余年来所主张的光复大义抛诸脑后了。我想我的师不当这样，这样的也就不是我的师。……先生老矣，来日无多，愿善自爱惜令名。"《知堂回想录》第一七二节云："后来又看见（章太炎）论大局的电报，主张北方交给张振威，南方交给吴孚威，我就写了《谢本师》那篇东西，在《语丝》上发表，不免有点大不敬了。但在那文章中，不是振威孚威，却借了曾文正李文忠字样来责备他，与实在情形是不相符合的。"[①] 及至一九二七年蒋介石叛变革命，在南方实行"清党"大屠杀，统治北京的军阀张作霖在北方密切配合，绞死了李大钊等二十位烈士，鲁迅已经在前一年离开了北京，这时在《语丝》上迎战这个反革命逆流的，主要就是周作人了。李大钊、张挹兰等烈士于四月二十八日就义，五月三日周作人就写了沉痛悼念他们的《偶感（一）》

[①] 张振威，即张作霖，他有振威将军的军衔。吴孚威，即吴佩孚，他有孚威将军的军衔。

在《语丝》上发表。接着,周作人发表了《偶感(三)》《偶感(四)》《人力车与斩决》《诅咒》《怎么说才好》《功臣》等一系列文章,都是揭露"清党"的黑暗,特别集中揭露提出"清党"案的吴稚晖的凶残与无耻。这个吴稚晖,承蒋介石亲旨发起屠杀之不足,还公开诬蔑牺牲的烈士都是"叩头乞命,毕瑟可怜"。周作人举出他所知道的烈士从容就义的例子加以反驳,怒斥道:"吴君在南方不但鼓吹杀人,还要摇鼓他的毒舌,侮辱死者,此种残忍行为盖与漆髑髅为饮器无甚差异。有文化的民族,即有仇杀,亦至死而止,若戮辱尸骨,加之身后之恶名,则非极堕落野蛮之人不愿为也。吴君是十足老中国人,我们在他身上可以看出永乐乾隆的鬼来,于此足见遗传之可怕,而中国与文明之距离也还不知有若干万里。"(《偶感(四)》)这又是同他对中国封建传统的了解和憎恶联系在一起,把政治声讨提高到文化批判的水平。除了写文章之外,周作人还积极参加李大钊身后事情的料理,他掩护烈士遗孤和帮助烈士家属的正义行动,已有专门文章记述[1],这里且从略。

以上是周作人在《语丝》上发表的最有现实性和战斗

---

[1] 详见贾芝《关于周作人的一点史料——他与李大钊的一家》,载《新文学史料》1983年第4期。又,周作人自己也有回忆,见《知堂乙酉文编·红楼内外》及《知堂回想录》第一五三节。又,鲁迅对周作人此举也表示嘉许,见周建人1936年10月25日致周作人函,载《鲁迅研究资料》第十二辑。

性的文章,此外,他还发表了更大量的反封建反礼教的文章,其中如《狗抓地毯》《礼的问题》《女裤心理之研究》《上下身》《"净观"》等篇,都是有力之作。

一一

周作人在《语丝》上和鲁迅这样密切配合作战,当时的对手如陈源等人总是把他们兄弟两人放在一起来攻击,装作公平的调解人如胡适也是把他们兄弟两人作为一方,把陈源作为另一方来劝和①;可是事实上,这两兄弟却是早已决裂了的两兄弟,在《语丝》创刊之前已经互不见面,无任何往来,当时是极少人知道的。关于他们兄弟的决裂,已经有过许多人做了研究,这里无暇详论。这里只需指出,决裂的直接原因是家庭原因,即周作人的妻子羽太信子的挑拨,不能说这就是思想上政治上的决裂;但是可以说,这两兄弟先前思想上就隐伏着分歧,而家庭关系的决裂使彼此更尖锐地觉察这些分歧,在分歧发展为矛盾对抗的过程中,也会起到促进作用,特别在周作人这方面是这样。②

周作人思想上同鲁迅的分歧,在《语丝》时期的共同

---

① 见《胡适往来书信选》上册第 377 页第 350 号《胡适致鲁迅、周作人、陈源(稿)》。

② 陈漱渝《东有启明西有长庚——鲁迅与周作人失和前后》,载《鲁迅研究动态》1985 年第 5 期,是这个问题上最新的研究成果,所论较为可信。

战斗中，已经有所表现，如上述宣告他对文学革命之悲观态度的《元旦试笔》，就是他的思想转向下坡路的一个重要标志。特别是一九二五年十一月，段祺瑞、章士钊的势力在强大的群众运动的冲击之下摇摇欲坠的时候，周作人在《语丝》上一再提倡"费厄泼赖"（fair play），提倡不打落水狗，不打死老虎。① 他的本意大概是要显示对段祺瑞之流的蔑视，是一种绅士式的自我优越感，根本不考虑这种主张对于实际斗争会发生什么影响。加以语丝社的同人之一林语堂又写了一篇《插论〈语丝〉的文体——稳健，骂人，及费厄泼赖》来响应周作人，把周作人约略提到的"费厄泼赖"做了详细的论述，更扩大了它的有害影响。鲁迅本着对人民负责的精神，对一切有害的事物无不具有高度的敏感，立即写了《论"费厄泼赖"应该缓行》这篇名文，给以严肃的批评。② 林语堂公开表示接受鲁迅的批评③，因

---

① 见周作人发表在《语丝》第三十一期上的《黑背心》，发表在第五十四期上的《答伏园论"语丝的文体"》，发表在第五十六期上的《失题》。

② 鲁迅这篇文章里面，只批评林语堂，没有提到周作人的名字，这恐怕不仅因为林语堂的文章更为系统、完整，而且也是不愿意把兄弟之间的矛盾公开出来，徒使对手快意，徒供无聊者的笑谈，鲁迅终其身都是这个态度。对比起来，周作人后来虽然也没有公开点了鲁迅的名字来攻击，但是种种旁敲侧击，冷嘲热讽，一有机会就来一下，比起鲁迅的原则性的态度就差得远了。

③ 彭定安、马蹄疾编著《鲁迅和他的同时代人（上卷）·鲁迅和林语堂》中论述：摇摇欲倒的段祺瑞政府，不久就制造了屠杀青年的"三一八"惨案。惨案一周之后，林语堂就画了一幅《鲁迅先生打落水狗图》，并在所作《打狗释疑》一文中承认："……事实之经过，使我遂发信仰鲁迅先生'凡是狗必先打落水里又从而打之'之话。"后来他又连续写了《闲话的谣言》《讨狗檄文》《"发微"与"告密"》等文，主张要来一个"打狗运动"。

此还受到陈源的嘲笑①，林语堂这时还动摇于鲁迅、周作人之间，《语丝》这时却已经出现了第一道裂纹。

在《语丝》上，周作人还发表过小品文《喝茶》（此文收入《雨天的书》，又收入《知堂文集》，改题《吃茶》），提倡日本的"茶道"。他解释道：

> 茶道的意思，用平凡的话来说，可以称作"忙里偷闲，苦中作乐"，在不完全的现世享乐一点美与和谐，在刹那间体会永久，是日本之"象征的文化"里的一种代表艺术。

他号召把这种茶道应用于当时的中国：

> 喝茶当于瓦屋纸窗之下，清泉绿茶，用素雅的陶瓷茶具，同二三人共饮，得半日之闲，可抵十年的尘梦。喝茶之后，再去继续修各人的胜业，无论为名为利，都无不可，但偶然的片刻优游乃正亦断不可少。

此文虽小，关系甚大。周作人后来以"苦茶庵"的室名著

---

① 陈源1926年1月28日致徐志摩函，载1926年1月30日《晨报副刊》，中有云："我也是主张'不打落水狗'的。我不像我们的一位朋友，今天某乙说'不打落水狗'，他就说'不打落水狗'，第二天某甲说'要打落水狗'，他又连忙的跟着说'要打落水狗'。"

闻,他有散文集即题为《苦茶随笔》,又有哄传一时的诗句:"旁人若问其中意,请到寒斋吃苦茶。"(《五十自寿诗》,载《人间世》创刊号)可是他又再三声明他平日并不当真讲究喝茶。所以,"苦茶"两个字,只是他所要提倡并且身体力行的生活道路的一种标记。周作人这种"苦茶主义"后来在相当大的一部分知识分子中有甚深的影响,起了很消极的作用。他自己坚持这条道路的结果是,即使堕入罪恶的深渊,也仍然能够"享乐一点美与和谐"。这里面包含着他和鲁迅的更深刻的分歧,我们还要详论。

鲁迅和周作人的思想分歧还没有发展到语丝社的自行分裂之前,《语丝》在北京被军阀张作霖查封了。鲁迅在上海很关心周作人的安全,虽然早已断绝往来,鲁迅仍然向彼此共同的朋友打听周作人的消息,说"他之在北,自不如来南之安全"①,还说:"我对于此事,殊不敢赞一辞。"因为羽太信子如果知道这是出自鲁迅的意见,不知又会闹什么纠纷。受信人是否曾将鲁迅此意转告周作人,不得而知。但事实上周作人并未南下,《语丝》迁上海由鲁迅接编后,周作人同这个刊物逐渐脱离了关系,也结束了他思想发展的过渡阶段。

---

① 鲁迅1927年11月7日致章廷谦函,《鲁迅全集》第十一卷第591页。

一二

《语丝》于一九二七年十二月迁上海出版,至一九三〇年结束,这段时间里,中国文艺战线上的各种流派各种倾向,经历了复杂的裂变和聚变,终于重新组合为互相对峙的左、右两翼,和动摇于二者之间的中国作家之群。《语丝》作家向两极分化,鲁迅、周作人两兄弟分道扬镳,终于分别成为中国文学左、右两翼的领袖。鲁迅一九二九年七月二十一日致章廷谦函云:"青岛大学已开。文科主任杨振声,此君近来似已联络周启明之流矣。此后各派分合,当颇改观。语丝派当消灭也。陈源亦已往青岛大学,还有赵景深、沈从文、易家钺之流云。"①《新月》忽而大起劲,这是将代《现代评论》而起,为政府作'净友',因为《现代》曾为老段净友,不能再露面也。"②

语丝派是在剧烈的矛盾震荡之中分化消灭的。首先是大革命失败后整个中国社会的矛盾震荡,更直接的则是文艺上新的力量出现所引起的矛盾震荡。一九二六年四月,"革命文学"(即无产阶级文学)的口号开始提出。到了一

---

① 《鲁迅全集》第十一卷第678页。又,1929年8月17日致章廷谦函云:"我看,现代派诸公,是已经和北平诸公中之一部分结合起来了。这是不大好的。但有什么法子呢?"

② 《鲁迅全集》第十一卷第682页。

九二八年,"革命文学"旗帜下的一些作家,摆开阵势,对各种旧文学展开了批判。他们没有把矛头首先指向当时已经萌芽的国民党法西斯文艺政策,以及原先依附北洋军阀而现在又向国民党新军阀投靠的《现代评论》派,还有封建遗老、鸳鸯蝴蝶派才子等,却是错误地把所谓"有闲文学"即语丝派当作了主要的攻击目标,把鲁迅、周作人兄弟当作"有闲文学"的代表。韩侍桁《关于自己的园地》云:"一九二八年的时候,创造社撑着'革命文学'的旗子,进攻在中国的文艺界里,那时受着他的攻击最甚的,是所谓'有闲文学',而'有闲文学'的代表者周氏兄弟,是被一口咬定。"[①]鲁迅受的攻击最深,分量最重。但有时也有人似乎不知道鲁迅公开批评过周作人、林语堂所提倡的"费厄泼赖"精神这样明显的事实,竟然说什么鲁迅是"无聊赖地跟他弟弟说几句人道主义的美丽的说话"。他们这个错误,有他们自己幼稚的原因,有先前文学思想文学派别上的旧矛盾的原因,还有国际上的影响,此不具论。而在这样不分青红皂白的"一锅煮"式的攻击的面前,鲁迅和周作人却采取了完全不同的态度,从这里开始了两条完全不同的道路,语丝派的分裂也就是这两兄弟思想上政治上的完全决裂。

鲁迅是一方面用他一贯的清醒的现实主义态度和韧性

---

① 此文收入陶明志编《周作人论》。

的战斗精神，反击那一切左倾幼稚者的攻击，一方面虚心地再学习，用马克思主义武装自己，解剖自己，也解剖左倾幼稚的对手，解剖敌人，解剖中国，这些在许多文学史论著里已经说得很多了。至于周作人的态度，则是高傲地转过身去，作不屑一顾之状，实际上当然是耿耿于怀，念念不忘，只要有机会就对革命文学给以根本的否定。

在上海几家刊物开展对语丝派的围攻之前，周作人已经发表过反对革命文学的系统的意见，就是他所做的《文学的贵族性》的讲演。[①] 讲演记录没有说明是否已经周作人本人审核，但是证以周作人的其他文章，大致意思是不错的。这个讲演重申了他一向所持的一些论点，如文学只是作者的自我表现，文学上没有什么贵族与平民之分，更没有什么无产阶级文学，等等，这些都不是新的；只有一点是新的，就是把革命文学的理论，特别是要求文学要为革命服务、要达到革命效果的理论，诬蔑为封建的"文以载道"论，丑化为"念咒的妖法"，"宗教上之祈求降福"，"旧派人物以读了四书五经、诸子百家等的古书来治国平天下的梦想"。在他后来对"革命文学"的反批评当中，一直着重发挥这个意思。

上文说过，周作人一九二四年已经在《教训之无用》

[①] 这是在中法大学的讲演，昭园记录，载 1928 年 1 月 5—6 日《晨报副刊》，转引自阮无名编《中国新文坛秘录》。

那篇小文里，宣告了他对文学革命的悲观失望。当时，他还是期望古今贤哲的好的"教训"能够实现，不过认为群众冥顽不灵，不可教训，那就不必勉强妄求其在群众中实现，只好在少数人中欣赏流传，稍慰寂寞吧。到了他攻击革命文学的时候，根本上还是那个群众愚昧论，但侧重点则在于强调文学本身的无用了。他用这个"文学无用论"来从根本上缴革命文学的械，对革命文学家进行百般的丑化。例如，他在一九二八年之末，写了一篇《大黑狼的故事序》（此文收入《永日集》），里面充满了这样丑化对手的文句，说提倡革命文学的人是"那些骨瘦如柴，手无缚鸡之力的乏汉，瘫痪似的坐在书桌前面，把他满腔的鸟气吐在格子纸上，免得日后成鼓胀病"，说革命文学的提倡是"文士们的摇瘦拳头"，是"很巧的方法，即是以文学代革命，犹如从前随营的朱墨文案也可以算作'军功'得保举"，说到这样程度，已经是狠狠的诅咒，哪里还有一点和平冲淡意味呢？以后周作人不断地骂"文以载道"，骂"举业"，骂八股文，骂妖术，骂宗教，骂画符念咒，常常都是言在此而意在彼，连着革命文学都骂在内，有时还是纯粹的指桑骂槐。

不必否认，周作人后来常常骂这些东西，也是他先前反封建反愚昧的思想的继续，如果我们仅仅就他表面上所谈的问题着眼，许多意见还是很可取的。但是我们同时必须知道，周作人这都是在混淆新与旧的界限，混淆封建法西斯和无产阶级的界限,迷信盲从和科学的信仰的界限,一九二八年末,他就正式宣称自己仍然站在自由主义立场来捍卫文明,攻击信仰墨索里尼者和信仰列宁者,同样是"正宗与专制姘合的办法,与神圣裁判官一鼻孔出气",同样是"与文明相远,与妖术和反妖术倒相近一点儿"(《永日集·关于妖术》)。此后,周作人这样混淆黑白的言论还多得很,不过有的不是说得这样明白,我们看的时候要特别善于别择。

周作人自命为坚守科学与民主的立场,反对一切新形势下的旧专制旧愚昧,他认为新的还是旧的,更是旧的,所以他就特别要攻击一切随着历史的步伐前进的人。在鲁迅成为马克思主义者以后,周作人更是时刻冷嘲热讽,旁敲侧击,例如说某一本书教人苟全性命于乱世,"这也何足为病呢,别人的书所说无非也只是怎样苟全性命于治世而已。近来有识者高唱学问易主赶快投降,似乎也是这一路的意思罢"(《夜读抄·颜氏家训》),说得很刻毒,以后他凡是影射攻击鲁迅的话都特别刻毒。这已经远远超出兄弟间的矛盾的性质,一切战斗中一个共同的规律是:对于同一营垒中站到对方去的人的憎恨,总是超过对于原来的对方的憎恨。这种憎恨,也就是绝不会向对方妥协的表现。

一三

周作人既然不肯像鲁迅一样通过虚心的再学习，调整自己的步伐，站到时代前面去，他就必须在历史的急流中给自己找一个可以止步不前而又自信并不落伍的安全岛。从一九二四年起，他就译引了蔼理斯的两段话，表示无限的倾倒，以后多年间又不惮烦地在各种题目的文章里再三再四地引用。

有些人将以我的意见为太保守，有些人以为太偏激。世上总常有人很热心的想攀住过去，也常有人热心的想攫得他们所想象的未来。但是明智的人，站在二者之间，能同情于他们，却知道我们是永远在于过渡时代。在无论何时，现在只是一个交点，为过去与未来相遇之处，我们对于二者都不能有什么争向。不能有世界而无传统，亦不能有生命而无活动。正如赫拉克来多思在现代哲学的初期所说，我们不能在同一川流中入浴二次，虽然如我们在今日所知，川流仍是不断的回流。没有一刻无新的晨光在地上，也没有一刻不见日没。最好是闲静地招呼那熹微的晨光，不必忙乱的奔向前去，也不要对于落日忘记感谢那曾为晨光之垂死的光明。

> 在道德的世界上，我们自己是那光明使者，那宇宙的顺程即实现在我们身上。在一个短时间内，如我们愿意，我们可以用了光明去照我们路程的周围的黑暗。正如在古代火炬竞走——这在路克勒丢思看来似是一切生活的象征——里一样，我们手里持炬，沿着道路奔向前去。不久就要有人从后面来，追上我们。我们所有的技巧，便在怎样的将那光明固定的炬火递在他的手内，那时我们自己就隐没到黑暗里去。（《雨天的书·蔼理斯的话》）

周作人大概觉得字字句句都代他说出了心里话，最重要的是要"站在二者之间"，在"过去与未来相遇之处"为自己找一个安身立命之点。尽管周作人口口声声不承认对手是新的力量，但是从他如此倾倒的两段话里，隐约似见他的内心深处，未尝不感觉得到这回遇到的对手正是"新的晨光"，要来代替自己这个"落日"，是火把竞走中"从后面来，追上我们"的人，要从自己手中把火把接过去。不管周作人怎样做出冷漠高傲之状，从他欣赏的"不要对于落日忘记感谢那曾为晨光之垂死的光明"这些话里，我们依稀听到了软弱的声音。

但是，周作人必须克服自己的软弱，必须把安全岛找出来或者建造起来，他找到了。戈尔特堡（Isaac Coldorg）曾经说蔼理斯是"在他里面有一个叛徒与一个隐士"，周作人极欣赏这句话,并且公然引以自拟。他说:"这句话说得最妙;并不是我想援蔼理斯以自重,我希望在我的趣味之文里也还有叛徒活着。我毫不踌躇地将这册小集同样地荐于中国现代的叛徒与隐士们之前。"(《泽泻集·陶庵梦忆序》)既要做隐士,又要使别人相信并且特别是要自己相信仍然是旧世界的叛逆者,或者说,把向旧世界作战的全副武装从战场上带回来,装点在隐士的幽居之中,这就是周作人找到的安身立命之处,——不,还不仅是他个人的安身立命,他还要号召一切"中国现代的叛徒与隐士们"一同来走这条道路。

蔼理斯毕竟是外国人,在中国的影响不大。周作人自己于一九二四年二月第一次译引蔼理斯的那两段话时,还说"他的生平我不很知道",次年十月的补注里才说是得到别人指点,知道了一点,也只是知道蔼理斯生于一八五九年这一条而已。周作人会考虑,用这样一位外国隐士做旗帜,在中国人心目中总不太亲切。况且,周作人所要寻求的,明明是政治上社会上的安全岛,蔼理斯身上的叛徒也好,隐士也好,却是"道德的世界"里的,与周作人的需要也不完全相合。于是,周作人把眼光转向中国自己的古隐士。他指出:"中国的隐逸都是社会或政治的,他有一肚子理想,却看得社会浑浊,无可实施,便只安分去做个农工,不再来多管","外国的隐逸是宗教的,这与中国的截不相同,他们独居沙漠中,绝食苦祷,或牛皮裹身,或革带鞭背,但其目的在于救济灵魂,得遂永生,故其热狂实在与在都市中指挥君民焚烧异端之大主教无以异也。"(《苦茶随笔·论语小记》)这些都是对的,单从中外文化比较的角度来看,确实是这样的。但是,周作人接着又说:"二者相比,似积极与消极大有高下,我却并不一定这样想,对于自救灵魂我不敢赞一辞,若是不惜用强硬手段要去救人家的灵魂,那大可不必,反不如荷蒉植杖之无害于人了。"这些话的影射意味很明显。所谓"自救灵魂",是"盲从愚昧"的反语,所谓"用强硬手段去救别人灵魂",是"强人盲从"的反语,都是影射革命文学家的。原来周作人的隐士幽居,不仅是一个安全岛,而且还是一个向革命文学放冷枪的地堡。至于蔼理斯这位外国隐士,究竟也是热狂的自救灵魂和强硬的救人灵魂之徒呢,还是外国隐士中的例外呢,这个矛盾周作人就避开了。

一四

周作人把中国古隐士的政治道路、社会道路加以现代化之后,又把中国古代的隐士文学也加以现代化,在现代中国来提倡。

早在一九二二年,周作人就说过,明末浙江一些文人已经无意地向着现代语进行,要不是被清朝的古学潮流所压倒,所隔断,可以成为现代散文的开始。(《谈龙集·地方与文艺》)一九二三年,他彻底抛弃了"人的文学""平民文学"等口号,明确提出了"文艺只是自己的表现"的口号。(《自己的园地·序》)大约从一九二六年开始,他酝酿自己的新体系。他进一步向明末散文小品"攀亲",不仅说它"向着现代语进行",而且说"我们读明清有些名士派的文章,觉得与现代文的情趣几乎一致,思想上固然难免有若干距离,但如明人所表示的对于礼法的反动则又很有现代的气息了"。(《泽泻集·陶庵梦忆序》)在源流问题上,他修改了"隔断"说,变为"复兴"说:"现代的散文在新文学中受外国的影响最少,这与其说是文学革命的还不如说是文艺复兴的产物,虽然在文学发达的程途上复兴与革命是同一样的进展。"(《泽泻集·陶庵梦忆序》)到了一九二八年,周作人给他要提倡的现代隐士文学(亦即现代化了的明末小品文学)找到一个支点:不革命,而有反抗性。他说:

> 明朝的名士的文艺诚然是多有隐遁的色彩;但根本却是反抗的,有些人终于做了忠臣……大多数的真正文人的反礼教的态度也很显然……中国新散文的源流我看是公安派与英国的小品文两者所合成,而现在中国情形又似乎正是明季的样子,手拿不动竹竿的文人只好避难到艺术世界里去,这原是无足怪的。我常想,文学即是不革命,能革命就不必需要文学及其他

种种艺术或宗教，因为他已有了他的世界了；接着吻的嘴不再要唱歌，这理由正是一致。……实在我只想说明，文学是不革命，然而原来是反抗的：这在明朝小品文是如此，在现代的新散文亦是如此。（《永日集·燕知草跋》）

这个隐士文学论像一把双锋剑：一边对着革命文学，"你们要用文学去革命根本违反了文学的本性"；一边对着种种旧权威旧传统，"我们还是反抗的"。当然后一面更多的还是用以自慰，并且常常是把新权威同旧权威混为一谈。

周作人把隐士文学的渊源，从明末更向上推到宋代的苏黄小品（见《周作人书信·与俞平伯君书一》），再推到晋人小品（《看云集·冰雪小品选序》），他需要建立一个文学史的理论体系，有些像胡适提倡白话文，便要写一部《中国白话文学史》一样。一九三〇年，周作人这个文学史理论体系，雏形已具。他在一篇文章（《看云集·冰雪小品选序》）里，提出了这样一个命题："小品文是文学发达的极致，它的兴盛必须在王纲解纽的时代。"他说，古今文艺变迁有两个时期，两种势力。两个时期是：集团的时期和个人的时期。两种势力是："文以载道"和"诗言志"。集团的时期大致就是有文字记载以前的文学史，先是民族集团的嗜好，一变而为师门的传授，硬化停滞，只存技术，再变而为君师的护法，这就更是文艺的不幸，特别是文学的不幸。所有这些集团时期的文艺都是"载道"的。个人时期的文艺，才是"言志"的。但进入个人时期以后，集团的"载道"的旧势力仍然顽强搏斗，"这新旧势力的永远相搏，酿成了过去的许多五花八门的文学运动。在朝廷强盛，政教统一的时代，载道主义一定占势力"，产生许多"大的高的正的"文学，"差不多总是一堆垃圾，读之昏昏欲睡"。只有颓废的时代，皇帝祖师没有多大力量了，"言志"的势力才会抬头，产生许多新思想好文章。"小品文则在个人的文学之尖端，最言志的散文，它集合叙事说理抒情的分子，都浸在自己的性情里，用了适宜的手法调理起来，所以是近代文学的一个潮头，它站在前面，假如碰了壁自然也首先碰壁。"这样，周作人就在文学领域里树起了一面"言志"的大旗，提出了"反集团，反君师，反载道"的口号。前面说过，周作人已经把小品文同洞察一切，评判一切，思想自由，文章真实联系在一起，现在他更进一步把小品文提到"文学发达的极致"这样无以复加的地位，这不仅仅是为他自己的小品文争地位，而且是要在文艺战场上占领一个绝对的"制高点"，来向"革命文学"坚决斗争。他所说的"集团主义""君师主义""载道主义"，都是对"革命文学"的刻毒的影射，还是他那一套混淆新与旧的界限的论法。

到了一九三二年，周作人不顾他早先的不当文学家、不写长篇论文的声明，做了《中国新文学的源流》的系列学术讲演,并且审定了记录,出版了小册子,这是他那一套文学史理论体系的正式形成,上述的理论雏形在这里正式成为有条有理的宏纲细目组织完善的整体。这时他比《自己的园地》《谈龙集》时代,更是文学史家和文学理论家的面目,可见他早先的声明不过是他惯做的"大傲若谦"的姿态而已,也可见他现在是多么迫切地感到有自坚壁垒的需要,实在是不能已于言了。这个小册子的出版,使周作人那一套文学史理论有了很大影响。特别是他提倡晚明小品,提倡公安派竟陵派,推崇公安派代表人物袁宏道(中郎),一时之间居然风靡一世。"书架上不摆部把公安竟陵派的东西,书架好像就没有面子;文章里不说到公安竟陵,不抄点明人尺牍,文章好像就不够精彩;嘴巴边不吐出袁中郎金圣叹的名字,不谈点小品散文之类,嘴巴好像就无法吐属风流;文坛上这个时髦的风气……是从知堂老人开头的,时间是在中华民国二十一年三四月间。原来在那个时候,知堂老人周作人先生应辅仁大学之约,讲演《中国新文学的源流》。"①

紧接周作人这次讲演之后几个月,即同年九月,《论语》半月刊在上海创刊出版,主编林语堂原是《语丝》阵营中人,追随周作人而又动摇于周作人与鲁迅之间,现在

---

① 陈子展《不要再上知堂老人的当》,原载《新语林》,收入陶明志编《周作人论》。

自己另立门户,进一步随着周作人向右转,于是语丝派正式解体,分化出了一个论语派。① 《论语》提倡"幽默",起初也还略有一些对黑暗现实的牢骚,鲁迅也曾在上面发表过并非不重要的文章。但是,"幽默"很快堕落为油滑无聊,插科打诨,为识者所讥。林语堂又在一九三四年四月创刊小品文半月刊《人间世》,提倡"以自我为中心,以闲适为格调"的小品文,完全是周作人的路子。《人间世》创刊号上,揭开封面就是一幅十六时放大的周作人半身照片,配以用黑边框起来的周作人手迹,即所谓《知堂五十自寿诗》。这样的安排,在林语堂主观上,起初是何用意,难以悬揣;事先他也曾为《人间世》半月刊多次向鲁迅征求照片,被鲁迅坚决拒绝了。② 但客观上,从读者看来,这等于店铺开张,向社会亮出了一块招牌;上面画着一杯苦茶,等于阵势摆开,向敌军友军招展起一面认军旗,上面大书一个"周"字,本来鲁迅的拒绝就不是偶然的,加以《知堂五十自寿诗》发表以后,《人间世》上面接连发表了别人和韵捧场的诗,引起进步作家的不满,纷纷提出批评。林语堂又在《申报》副刊《自由谈》上发表《周作人诗读法》一文,这个题目就表明他是一个高举周作人的旗帜的

---

① 参看施建伟《语丝派的分化和论语派的歧途》,载《南开学报》1984年第2期。

② 见鲁迅1934年4月15日致林语堂函,《鲁迅全集》第十二卷第388页。又参看马蹄疾编著《鲁迅和他的同时代的人(下卷)·鲁迅与徐》。

旗手。周作人的大本营还是北平，上海当时已经是左翼文艺运动的中心，在上海出版的《人间世》，不妨说是周作人的最前沿阵地上的壁垒，而林语堂就是他的"前敌总指挥"。从此，周作人反对左翼文学（革命文学）的斗争，有理论，有口号，有作品，有阵地，有队伍，并且不必讳言，还有相当多的苦闷彷徨的知识分子做他的群众，做他的同情者和友军，于是，周作人成为整个右翼文学阵营的精神领袖，同革命文学家所组成的左翼文学阵营之间再也没有妥协的余地。

一五

关于中国二十世纪三十年代文学上左、右两翼的对峙，和周作人当时的地位，我曾经说过："今天的青年读者中间，已经有些人以为当年左翼作家联盟仅仅是同国民党反动派做斗争的，似乎左翼作家联盟对立面的右翼，就是指国民党反动派而言，这是一种误解。左翼作家联盟当然首先是同帝国主义、国民党反动派做斗争的，那主要是在政治战线上。至于文化艺术战线上，国民党反动派本来只有'武化'，没有文化，他们根本没有文学艺术可言，只有几名文化刽子手和几条文化警犬，远远不配做文艺思想斗争的对手。当时左翼文学家阵营在文学艺术本身的领域里，真正的对手另有所在,那就是右翼文学家的阵营。"①

所谓右翼文学家,首先,他们是文学家,在文学上有相当的成就,有的还在先前的文学革命阶段中有过光荣的历史。其次,他们是右翼,他们在文艺上,坚决拒绝并且反对马克思主义的指导,坚决拒绝并且反对为中国共产党所领导的人民革命事业服务。第三,他们不是国民党反动派,他们对国民党反动统治还有不同程度的不满。他们大多数当时并没有在政治实践中直接反共,有的还同共产党人、革命作家保持着友好的私人关系,甚至通过这种关系给革命事业以某些援助。(当然,这只是指三十年代而言,至于后来他们的极为复杂的政治分化,这里暂不讨论。)在中国,在三十年代,就是有这样的右翼文学家,形成了一个与左翼对垒的阵营,他们的精神领袖就是周作人。

我还说,当时周作人最有这个资格,因为他有与鲁迅相颉颃的第一流大作家的地位,有一直保持清白的历史,特别还有这样一个条件:"周作人在左翼文学兴起的初期,就敏锐地警惕地注视着这个新的事态的发展。他那种十分

---

① 本节所引都是笔者在《李景彬作〈周作人评析〉序》中的话。此文又曾在《读书》杂志1985年第1期上发表过,题目改为《周作人的是非功罪应该研究》。

封闭极端矜持的个人主义,使他把马克思主义与束缚个性的封建主义等量齐观,使他觉得新的束缚更甚于旧的束缚。直到左翼作家联盟的建立标志着左翼文学的正式登场,鲁迅在思想上完成了由革命民主主义到马克思主义的飞跃,在组织上成为左翼作家联盟的领导人,左翼文学来势迅猛,右翼作家们慌了手脚,不知如何抵挡。在这个关头,周作人树起了几面大旗,如'言志''反载道''闲适''晚明小品',等等,摆成了与左翼文学对垒的阵势,并且一连串地对鲁迅发出了不点名的恶毒的攻击。当时反对左翼文学的作家当中,谁也没有他这一套本领。所以右翼作家领袖,自然非他莫属。"

关于周作人作为右翼作家领袖所发生的影响,和左翼作家对他的态度,我说:"周作人因为具备了这些条件,当时不仅为右翼作家所倾心归往,在广大中间层也拥有广泛的影响。初期左翼作家的一些左倾幼稚病的错误,客观上更帮助周作人扩大了影响。但另外一些左翼作家,一方面坚持了对周作人的原则性的批判,另一方面能够公正地对待周作人的历史功绩和艺术成就。首先鲁迅就是这样做的,他对周作人的错误毫不放过,为了革命的利益进行了严肃的批评,但是他胸襟宽大,不计较周作人那些恶毒攻击,在周作人受到'左'的苛责围攻时,鲁迅就仗义执言地指出这不是与人为善的态度。"

鲁迅领导的对《论语》《人间世》派,其实就是对周作人派的批判，是左翼文学阵营在战斗中进行理论探讨的最深入的一次。左翼作家联盟批判过新月派，批判过"民族主义文学"，批判过"第三种人"。那是要解决文学和阶级斗争的关系的问题，文学上阶级斗争和民族斗争的关系的问题，文学上的自由和为革命服务的关系的问题。至于对周作人派的批判，我说："这次批判要解决的中心问题，是作家以什么样的态度对待生活和文学，以什么样的美学标准塑造人类灵魂，较之那三次的中心问题，更深入文学艺术的特殊性的领域。"这就是说，当时并不是单纯的政治批判，而是深入的美学批判和文化批判。下面我们极为粗略地看一看。

一六

周作人林语堂派的消极性，首先在于他们在中国最危急最黑暗的时代，宣传一种对人生对文艺的倦怠和游戏的态度，这是一切悲观主义中最坏的一种。

周作人这种悲观态度的根芽，早就埋藏在他的心里。一九二三年，在五四运动的退潮期中，他就宣称：人生的路，从来就是北京处决死囚押赴天桥刑场的路，不过现在是用汽车，过去是用敞车，只这一点不同，而他认为还是用敞车好。他说：

> 我们谁不坐在敞车上走着呢？有的以为是往天国去，正在歌笑；有的以为是下地狱去，正在悲哭；有的醉了，睡了。我们——只想缓缓的走着，看沿路景色，听人家的谈论，尽量的享受这些应得的苦和乐；至于路线如何，或是由西四牌楼往南，或是由东单牌楼往北，那有什么关系？（《自己的园地·寻路的人——赠徐玉诺君》）。

坏就坏在这种哲人的心境和诗人的眼光，这是对黑暗的美化，是最有麻醉作用的美化。

到了二十世纪三十年代之初，周作人进一步发展了这种倦怠和游戏的人生态度，把它体现为一种文学观，就是他那著名的"草木虫鱼"论。他说：

> 有些事情固然我本不要说，然而也有些是想说的，而现在实在无从说起。不必说到政治大事上去，即使偶然谈谈儿童或妇女身上的事情，也难保不被看出反动的痕迹，其次是落伍的证据来，得到古人所谓笔祸。这个内容问题已经够烦难了，而表现问题也并不比它更为简易。……凡人所可以文字表现者只是某一种情意，固然不很粗浅但也不很深切的部分，换句话来说，实在是可有可无不关紧急的东西，表现出来聊以自宽慰消遣罢了。……我想文学的要素是诚与达，然而诚

有障害，达不容易，那么留下来的，试问还有些什么？……话虽如此，文章还是可以写，想写，关键只在这一点，即知道了世间无一可言，自己更无做出真文学来之可能，随后随便找来一个题目，认真去写一篇文章，却也未始不可，到那时候或者简直说世间无一不可言，也很可以罢，只怕此事亦大难，还须得试试来看，不是一步就走得到的。我在此刻还觉得有许多事不想说，或是不好说，只可挑选一下再说，现在便姑且择定了草木虫鱼……（《看云集·草木虫鱼小引》）

明明认为世间无一可言，姑且谈谈那些可有可无不关紧要的东西，一方面是聊以自宽慰消遣，一方面也未尝不认真，未尝不寄托作者的社会思想文化思想。这种文学观，似倦怠又似积极，似游戏又似认真。作家"自我感觉良好"，读者也觉得这里面似乎有什么并不纯是消极的东西，于是相率而趋于倦怠和游戏，更加难以挽回了。后来，《论语》《人间世》所宣传的"性灵""幽默""闲适"等等，都是周作人的"草木虫鱼"论的种种变相。

上面说的"自我感觉良好"，就是牢记自己先前的光荣史，并且相信自己现在仍然没有脱离现实。周作人曾经赞美蒲松龄的两句诗——"姑妄言之姑听之，豆棚瓜架雨如丝"，说道："我很喜欢这种态度，这是一种文学的心情，不汲汲于功利，但也不是对于人事完全冷淡，只是适中地冷静处之罢了。"(《永日集·聊斋鼓词六种序》)所以别人批评他脱离现实,批评他对人生冷淡倦怠,他极不服气,极其反感。他曾经借了清人俞正燮的话骂道:"其论甚可憎也。"(《夜读抄·画蛇闲话》,引俞正燮《癸巳存稿》卷十二论秦观词斥王语)今天我们平心而论,他的反感原也不是毫无根据,因为当时对他的有些批评的确不免简单片面,鲁迅就很不赞成①,于是,这种反感又转而加强了周作人的"自我感觉良好"。

鲁迅的批评却是科学的。鲁迅指出,中国有些聪明的士大夫对黑暗用两条方法:"一,是对于世事要'浮光掠影',随时忘却,不甚了然,仿佛有些关心,却又并不恳切;二,是对于现实要'蔽聪塞明',麻木冷静,不受感触,先由努力,后成自然。"(鲁迅《且介亭杂文·病后杂谈》)这里没有抹杀他们对世事也仿佛有些关心,没有抹杀他们对现实原来也不能麻木冷静,这就是比较全面的看法。可是,全面的看法不等于调和宽贷。这些聪明的士大夫用这两条方法,得出什么结果呢?鲁迅指出:结果是,"依然会从血泊里寻出闲适来"。(鲁迅《且介亭杂文·病后杂谈》)这个批评是严厉的,也是准确的,较之那些简单片面

---

① 周建人1936年10月25日致周作人函(载《鲁迅研究资料》第十二辑)云:"有一回说及你曾送×××(舒芜案:当是李大钊)之子赴日之事,他(舒芜案:指鲁迅)谓此时别人并不肯管,而你却偃(舒芜案:'偃'当是'掩'之误)护他,可见是有同情的,但有些作者,批评过于苛刻,责难过甚,反使人陷于消极,他亦极不赞成此种过甚的责难云。"

的批评是更有说服力的。

所谓说服力,主要是对读者而言。至于周作人本人,即使是鲁迅这样科学的全面的批评,也不会有什么效力。鲁迅说过:"语堂在牛角尖里,虽愤愤不平,却更钻得滋滋有味,以我的微力,是拉他不出来的。"①"如语堂先生,我看他的作品,实在好像因反感而在沉沦下去。"②"语堂学圣叹一流之文,似日见陷没,然颇沾沾自喜,病亦难治也。"③这些都是说林语堂;其实同样适用于周作人。只是周作人倒没有学过金圣叹一流之文,他的境界毕竟还高一些。鲁迅这里说的是一个很大的问题,对待幼稚的青年们的简单片面的批评,究竟采取什么态度,是一个很大的问题,后面还要说到。

对人生对艺术的倦怠和游戏的态度,当时的危害性直接表现在政治方面,而从长远看来,并不仅仅是在政治方面。生活中永远难免有挫折和失败,难免有悲观和失望。常胜将军无论哪个领域里都是没有的。在失败挫折面前从不悲观失望的人也是没有的。即使是最坚强的乐观主义者,也难免有悲观失望的时候,不过他能较快地克服悲观失望,不使之升华为悲观主义,能永远坚定地用乐观主义作为生活的最高的控制力和推动力罢了。至于一般人的生活当中,

---

① 鲁迅1934年8月13日致曹聚仁函,《鲁迅全集》第十二卷第506页。
② 鲁迅1934年6月21日致徐懋庸函,《鲁迅全集》第十二卷第464页。
③ 鲁迅1934年6月21日致郑振铎函,《鲁迅全集》第十二卷第466页。

悲观失望的时候更是常有，并不一定不可救药；哪怕到了绝望的程度，也不一定当真永远绝望下去，只要他对人生是严肃的，终不会也不可能甘于绝望，总要找到别的道路，继续前进。只有倦怠和游戏的态度，悲观而又沾沾自喜地欣赏自己的悲观，失望而又滋滋有味地在失望里经营一个清雅的小世界，以为安身立命之所，这才是无可救药的。一个民族，一个国家，如果这种生活态度成为居统治地位的社会风气文化风气，它大概离灭亡不远了。所以鲁迅借着法郎士的小说《泰绮思》中的妓女泰绮思，愤怒地指出："她在俗时是泼剌的活，出家后就刻苦的修，比起我们的有些所谓'文人'，刚到中年，就自叹道：'我是心灰意懒了'的死样活气来，实在更其像人样。"①

一七

周作人林语堂派的消极性，还在于他们在中国最危急最黑暗的时代，用一种"闲适"的美来陶铸青年的灵魂，其实践的效果只能是消磨他们的斗志。

周作人一九二四年写的名篇《北京的茶食》（此文收入《雨天的书》）里面，已经有这种"闲适"美学的苗头。他说："我们于日用必需的东西以外，必须还有一点无用的游

---

① 鲁迅《且介亭杂文二集·"京派"和"海派"》。

戏与享乐，生活才觉得有意思。我们看夕阳，看秋河，看花，听雨，闻香，喝不求解渴的酒，吃不求饱的点心，都是生活上必要的——虽然是无用的装点，而且是愈精炼愈好。"这在当时的中国，特别是北洋军阀统治中心的北京，还不失为对于社会现实的一种不满。所以，他接着说："可惜现在的中国生活，却是极端地干燥粗鄙，别的不说，我在北京彷徨了十年，终未曾吃到好点心。"当时在北京出版的《语丝》，也以讲"趣味"著称，后来还受到攻击，被加上"趣味文学""有闲文学"的恶谥。

可是，"愈精炼愈好"，这个说法里面已经含有危机，因为这里的精炼有特殊的含意。同一篇文章里说："总觉得住在古老的京城里吃不到包含历史的精炼的或颓废的点心是一个很大的缺陷。"原来这里精炼和颓废是同义语，这里的精炼就是一种颓废的精炼，或精炼的颓废，愈精炼愈好也就是愈颓废愈好。周作人的审美思想循着这条路线发展下去，于是他就特别欣赏日本艺术史家、散文家永井荷风的《江户艺术论》第一章里这样一段话：

> 我反省自己是什么呢？我非威耳哈伦似的比利时人而是日本人也，生来就和他们的运命及境遇迥异的东洋人也。恋爱的至情不必说了，凡对于异性之性欲的感觉悉视为最大的罪恶，我辈即奉载此法制者也。承受"胜不过啼哭的小孩和地主"的教训之人类也，

知道说话则唇寒的国民也。使威耳哈伦感奋的那滴着血的肥羊肉与芳醇的葡萄酒与强壮的妇女之绘画，都于我有什么用呢？呜呼，我爱浮世绘。苦海十年为亲卖身的游女的绘姿使我泣。凭倚竹窗茫然看着流水的艺妓的姿态使我喜。卖宵夜面的纸灯寂寞地停留着的河边的夜景使我醉。雨夜啼月的杜鹃，阵雨中散落的秋天树叶，落花飘风的钟声，途中日暮的山路的雪，凡是无常，无告，无望的，使人无端嗟叹此世只是一梦的，这样的一切东西，于我都是可亲，于我都是可怀。

周作人自己译了这段话，在他好多年间好多篇小品文里再三再四地引用，同他再三再四地引用蔼理斯那两段话一样，都是代他自己说话。其实，永井荷风并非赞扬日本传统的无常、无告、无望之美，正好相反，他是以包括他自己在内的日本人只能欣赏这种美，而不能像威尔哈伦那样欣赏那种强烈的美为可悲。周作人很清楚这一点，他也译引过永井荷风另外的话，那是明确指出日本传统的那种美，只是专制时代萎靡的人心之反映，暗示出那样黑暗时代的恐怖与悲哀与疲劳，等等。（见《苦茶随笔·东京散策记》）但是，周作人仍然用了断章取义的方法，使读者产生错觉，似乎永井荷风认为日本人只欣赏这种美是好的，应该的，并且是包括中国人在内的一切东方人都应该欣赏的，大概周作人是太迫切地要宣传他那一套审美思想了。

周作人的小品文里,其实也并未塑造什么"苦海十年为亲卖身的游女的绘姿"之类,对于周作人来说,这些都太低了,太廉价感伤主义了。他要塑造的美,还是他自己所宣言的"草木虫鱼"之美。这当然不是当真只限于草木虫鱼四类,凡是平凡、细小、质朴、亲切的东西,都是他进行美的塑造的原料和材料,贯穿其中的就是精炼的颓废,或颓废的精炼。其精炼远非廉价的感伤主义所可及,其颓废却是一脉相通的。周作人林语堂一派的这种精炼与颓废的小品文,鲁迅称之为"小摆设",一语破的地概括了它的美学特征,也概括了它的消极性。

鲁迅指出:小摆设就是一个小小的镜屏,玲珑剔透的石块,竹根刻成的人像,古玉雕出的动物,锈得发绿的铜铸的癞虾蟆之类。它们自然不是穷人玩得起的,但也不是达官富商家的陈设,他们所要的只是珠玉扎成的盆景,五采绘画的瓷瓶之类。小摆设只是士大夫的"清玩";而小品文就是文学上的小摆设。鲁迅指出,即使在所谓太平盛世,小摆设也非重要的东西,偶一玩玩未尝不可,但传之万世的不朽的艺术仍然只能是云冈的丈八佛像和万里长城。"何况在风沙扑面,狼虎成群的时候,谁还有这许多闲工夫,来赏玩琥珀扇坠,翡翠戒指呢。"我们可以这样来看:小摆设之美,正是精炼的颓废之美,作为一个美的品种,大概什么时候都有它的一份存在的权利;但是,作为一种美学思想，大吹大擂地提倡起来，要用它来作为指导文艺指导人生的准则，那就有很大的消极性了。鲁迅已经指出这种消极性是在于，"靠着低诉或微吟，将粗犷的人心，磨得渐渐的平滑"，"并且想青年摩挲了这'小摆设'，由粗暴而变为风雅了"。① 我们还可以进一步说，也不仅风沙扑面、狼虎成群的时候是这样；在任何时候，如果过分精炼的颓废之美统治了人心，把人心磨得过分细腻和敏锐，也不是好事。鲁迅指出，人不能没有痛觉，它使人能知自卫，但这痛觉如果细腻敏锐到衣服上的接缝、线结，布毛都觉得有如芒刺在身，又活不下去了。"感觉的细腻和锐敏，较之麻木，那当然算是进步的，然而以有助于生命的进化为限。如果不相干，甚而至于有碍，那就是进化中的病态，不久就要收梢。"② 鲁迅这个批评是语重心长的，一切关心民族存亡国家安危的人，特别是有志于简择民族文化遗产去参加世界文化大发展进程的人，都是应该深思牢记的。

然而，周作人对鲁迅的批评，丝毫没有接受，两年之后还针对"小摆设"之名，反讥鲁迅的和一切战斗的作者的文章为"祭器"，刻毒地说："祭器放在祭坛上，在与祭者看去实在是颇庄严的，不过其祝或诅的功效是别一问题外，祭器这东西到底还是一种摆设，只是大一点罢了。"

---

① 以上均见鲁迅《南腔北调集·小品文的危机》。
② 鲁迅《准风月谈·喝茶》。

"只有人看它作有用无用而生分别，器则一也，反正摆设而已。"（《苦茶随笔·关于写文章》）还是他一贯的文学无用论，这里特别显出了这一论点的顽固性：只许我说文学无用，不许你说文学不该无用，你要说就是你希图做庄严的祭器。小摆设还是供人赏玩的，祭器则是供神鬼的迷信用品，说是有祝或诅的功效来愚弄人恐吓人，比小摆设更加要不得了，不仅是同样无用而已。

但是，事实证明了鲁迅关于小摆设的危害性的警告并非危词耸听，这不是别的事实，就是周作人自己的事实。他有一篇《野草的俗名》，全文是将范寅《越谚》中所记绍兴关于花草的土俗名，计有臭婆娘、官司草、黄狗尾巴、碰鼻头草、老弗大、天荷叶、牌草、咸酸草八种，一一加以增补注释，文章写得真是冲淡质素，无一点渣滓，无一丝烟火气。此文收入《药味集》，一查文末所署，原来是"廿六年八月七日在北平"，实在令人吃惊，那是什么日子？那是卢沟桥事变之后的一个月，日本侵略军进占北平的前一天。那是全国人民为全面抗战开始而欢呼鼓舞的日子，那是救亡志士热血青年壮志豪情挺身赴难的日子，那是平津一带战火纷飞百姓流离的日子，身处危城中的周作人居然还写得出这样的文章，实在是太冷静了，太可怕了，完全证实了鲁迅的关于小摆设能将人心磨得平滑的预言，真是"从血泊中寻出闲适来"。我们不能作诛心之论，说周作人写此文时已经准备迎降，但是我们可以说，他此时此地写得出这样的文章，以他的声望地位，怀着这样的心境，在沦陷了的北平住下去，敌寇绝不会放过他，他对威胁利诱的压力，是不会有多大的抗拒力量的。他在此文的末尾还慨叹"只怕少有人感兴趣。不单是在这时候没有工夫来理会这些事也"，我们不妨想象一下，如果那时候中国知识分子都跟着他用了许多工夫来理会这些事，中国的抗日战争和抗战文化将是什么样的局面。

一八

周作人林语堂派在上海大力提倡"以自我为中心，以闲适为格调"的小品文，"赞颂烟茗，鼓吹悠闲"的那几年，正是日本侵略者鲸吞我国东北，蚕食我国华北，国民党政府步步退让，血腥镇压人民的抗日救国运动，亡国危机迫在目前的历史紧急关头。北平、天津以至整个华北事实上已经成了半沦陷区，周作人身处北平，也并非当真能够蔽聪塞明，麻木冷静，不受感触。他清楚地看到国民党政府将不惜出卖黄河以北的国土，他在给友人的信中愤慨地说："大抵幽燕沦陷已属定命，而华夷之界则当在河。"（《周作人书信·与俞平伯君书三三》）他也说到他在危城北平的焦急危惧心情："寄寓燕山，大有釜底游魂之慨。"（《周作人书信·与俞平伯君书三一》）这些都还不失为一个中国人的正常的态度。不仅如此，他在临近抗战爆发的前夜,也没有停止对日本侵略者的呵叱和揭露。日本侵略者假借孔孟的"王道"学说,宣称他们对中国的侵略是要来建造"王道乐土",周作人痛斥道:

> 据我想,人之异于禽兽者就只为有理智吧……但是人的文化也并不一定都是向上的,人会恶用他的理智去干禽兽所不为的事,如暗杀,买淫,文字思想狱,为文明或王道的侵略,这末了一件正该当孔子所深恶痛疾的,文过饰非自然并不限于对外的暴举,不过这是最重大的一项罢了。(《风雨谈·逸语与论语》)

日本侵略者在中国国土上,到处贩卖毒品,武装走私,收买地痞流氓闹事要求"自治",强令他们的驻华外交人员入山自杀,制造外交事端以为武装侵略的口实,其人不愿死,走了出来,成为世界的笑柄。周作人针对这些丑行痛斥道:

> 日本人最爱美,这在文学艺术以及衣食住的形式上都可看出,不知道为什么在对中国的行动上那么不怕丑。日本人又是很巧的,工艺美术都可作证,行动上却又都那么拙。日本人喜洁净,到处澡堂为别国所无,但行动上又那么脏,有时卑劣得叫人恶心。这正是天下的大奇事,差不多可以说是奇迹。(《知堂乙酉文编·日本管窥之四》)

以深通并热爱日本文化著名的周作人来说这些话，分量是不轻的。

然而，北平沦陷后八个月，一九三八年四月九日，周作人在北平出席了日本文化特务召开的"更生中国文化建设座谈会"，跨出了叛国的第一步。消息传出，全国震惊，抗战文艺界严词声讨，同时还希望他幡然悔悟，但是没有能挽救周作人一步一步地沉沦下去。一九四〇年十一月，周作人终于在汉奸政府里正式袍笏登场，出任伪华北政务委员会教育总署督办。尽管他堕落的过程中也不是全无矛盾、勉强、反复，尽管这里面也有某些不应该他负责的客观原因，尽管他自己当时和事后做了种种辩解，尽管还有人同情他原谅他，尽管他那一段黑暗历史中确实也还有那么几个亮点，这一切都可以另做专门研究①，但是，周作人终于当了汉奸，总归是事实。

这个事实在当时一些人的心目中并非完全意外，人们已经看到，周作人在抗战爆发之前，一方面怒斥日本帝国主义的侵略和国民党政府的卖国，一方面却又反对抗战，反对一切主战论，同情一切主和论。他这种思想的核心是唯武器论，不相信战争的正义性所动员起来的精神的力

---

① 参看张琦翔《周作人投敌的前前后后》，载《文化史料》丛刊第三辑；张菊香、张铁荣《周作人出任伪职的前前后后》，载《南开学报》1983年第2期；李霁野《我的生活历程（四）》，载《新文学史料》1985年第2期；贾芝《关于周作人的一点史料——他与李大钊的一家》，载《新文学史料》1983年第4期。

量,人民群众的力量,他对人民群众本来就有深刻的疑惧之心。

周作人直截了当地主张海军决定一切。他说:"假如两国相争,到得一国的海军歼灭了,敌舰可以来靠岸的时候,似乎是该讲和了罢?不但甲辰的日俄之战是如此,就是甲午的中日之战也是如此。"(《苦茶随笔·弃文就武》)他认为甲午以来中国四十年间的政治实以不同外国打仗为基础,军事上一直只保有讲和状态的海军,所以他的结论就是:根本不可以同外国打仗。

中国的积弱,国民党政府的外战外行,内战内行,当时稍知时事的中国人大致也都知道,并非周作人独得之秘。但是,一切爱国忧时之士,奔走呼号,要求抗战,不怕亲日媚日的国民党政府的镇压,不惜为此先洒热血。他们是觉得日本帝国主义亡华之计早定,不会满足于任何部分的侵略成果而就此止步,中国人与其坐待亡国,为奴隶而生,不如为争民族的生存而死。而有识者们,正是看到民心可用,相信哀兵必胜的规律,相信一个伟大的中华民族,如果团结起来进行一场正义的战争,所产生的伟力足以抵偿军事准备的不足而有余,并且会在战争中改变这种状况。周作人则完全不相信这些。他把九一八事变以后中国人民抗日救国的群众运动(他讽刺地称之为"开会游行,口号标语"),同国民党政府的幻想依靠国际联盟混为一谈,把人民对抗战的正义性的信心,同国民党政府所散布的用来掩饰其妥协投降的所谓"公理战胜"的幻想混为一谈。他认为这是与中国人"原有的怯弱、取巧等等劣根性相结合,这是一个大错"。(《看云集·关于征兵》)这与他的"文学无用论"同一性质,都是否认精神的东西能在一定条件下化为物质力量,所用的也是他一贯的混淆新旧黑白的方法。

周作人反对抗战的更深刻的原因,还在于他对人民群众根本上抱有疑惧之心。他自己说一向就有此心:"古人云,民犹水也,水能载舟,亦能覆舟。法国路易十四云,朕死之后有洪水来。其一戒惧如周公,其一放肆如隋炀,但两者的话其归趣则一,是一样的可怕。"(《立春以前·苦茶庵打油诗》)所以他很可能也知道,越是正规军事准备不足,抗战就越是只好依靠人民群众斩木揭竿而起,他认为这就越是可怕。他在一九三三年日本侵略军进占热河逼近北平的时刻,给友人信中忽然引了陈老莲诗中的材料,说南明鲁王抗清部队如何避敌虐民,如何可怕可恨,评论道:"此公乃明遗老,而对于鲁王之官兵乃不得不作如此语,岂不大可哀哉。"(《周作人书信·与俞平伯君书三四》)这样带有浓重感情的话,如果说与现实无关,纯是论史,恐怕是不会的。

于是,周作人就连岳飞和秦桧的案也要翻,说是南宋之恢复根本无望,当日之势不能不和,战则不但不能抵黄龙府,并偏安之局亦不可得:

中国往往大家都知道非和不可，等到和了，大家从避难回来，却热烈地崇拜主战者，称岳飞而痛骂秦桧，称翁同龢刘永福而痛骂李鸿章，皆是也。（《苦茶随笔·关于英雄崇拜》。）

这就已经同汪精卫的调子没有什么区别了。

一九

但是，周作人的叛国附敌，毕竟还是震动当时中国文艺界文化界的一件大事。一九三八年五月，茅盾、郁达夫、老舍等十八位作家发表《给周作人的一封公开信》，信中指出："惊悉先生竟参加敌寇在平召集的'更生中国文化座谈会'，照片分明，言论具在，当非虚构。先生此举，实系背叛民族，屈膝事仇之恨事，凡我文艺界同人无一不为先生惜，亦无一人不以此为耻。"[①] 这说的是实情，尽管"无一人"云云也许说得绝对了一点，信中还说到"贻文化界以叛国媚敌之羞"，从文化界的整体来说这是很恰当的。

耻什么，羞什么呢？一句话：太丑了。当时有人写文

[①] 原载《抗战文艺》第一卷第一期，收入《中华全国文艺界抗敌协会史料选编》。

章说:"我放下笔,在静夜里默想着那北平传出来的照片,我们过去了的渊雅的冲淡的知堂老人,已经悄然的穿了马褂站在王揖唐、王克敏以及日本特务机关的强盗中间。"①还有一篇文章说:

> 无论事或物,不调协的总是丑的。……
>
> 一个性情恬淡,学识渊博,态度是温和中蕴藏着刚强的文人,同一批无耻的政客、军阀、流氓排在一起,摄一个合影,这够多么不调协呀!更不必问他们在一起干的是甚么勾当了。这比起"裤管露在裙边之外"的装束,该是更不调协吧?要是有人当面称他一声"周教育总监"——报上登的洋文官衔是 Driector-general of Education——我想他应该回想起他当年称丁文江博士为"丁在帅"那个哭笑不得的讽刺,而淞沪商埠督办,虽是"孙联帅"所委,到底还不是给日本军阀做事啊。②

这篇文章的题目就是一个字《丑》,结语是:"在我,总觉得这种事除了别的'意义'之外,更是人间的一种永

---

① 孔嘉《老人的胡闹》,原载《抗战文艺》第七卷第六期,收入《中华全国文艺界抗敌协会史料选编》。

② 何容《丑》,原载《抗战文艺》第七卷第六期,收入《中华全国文艺界抗敌协会史料选编》。

不磨灭的丑事！"这话说得很得要领。周作人而以这样的形象出现，实在是太丑了！后来，一九四二年十二月九日下午，周作人以"新民青少年中央统监部副统监"的身份，陪同"正统监"老政客老亲日派官僚王揖唐，身着日本式军装，头戴日本式战斗帽，在北平天安门主持检阅所谓"青少年团"训练的分列式，这个形象就更丑了。推而广之，一九四二年五月，周作人随从汪精卫去东北庆贺伪满洲国的所谓"建国十周年"，接着去南京祝贺汪精卫的六十大寿，在南京奔走于汪精卫汉奸政府的一些权门，和那一群丑类文酒往还，诸如此类，无一不是丑而又丑。

上面引用的那段话里说得好："更不必问他们在一起干的是甚么勾当了。"原意大概是如果问到那些勾当就更丑了。我们还可以从另一意义上说这句话：在审判汉奸的法庭上，周作人在汉奸政府里究竟干了哪些勾当，罪行轻重，是主要的问题；至于他那些形象的丑不丑，法庭不会去追究，不会据此定罪。但是，在历史的心灵的法庭上，单是他那些形象的丑而又丑，这就是足够的罪证；至于他干的那些勾当，与同类相比是否罪大恶极，倒是比较次要的问题。周作人曾经多次欣赏地介绍过神话学家哈理孙女士所谓"我们对于希腊的负债"之说，说是只有希腊人能将原始信仰中的恐怖丑怪的分子洗净，化为美的神灵和美的神话，将这份美的遗产留给欧洲，欧洲人永远对希腊人负了这笔债。① 准此反推，周作人自己将自己从英勇的战士和高雅的隐士的形象变成这么丑而又丑的形象留在中国文化史上，他当然也就永远对国家民族欠下了这笔债，不是他自己的种种辩解和别人帮他辩解所能抵折的。

抗战以前，中国左、右两翼文学家与周作人的关系，对周作人的态度，虽然完全不同，但是，周作人叛国附敌的消息一传来，已经团结在抗战文艺旗帜下的不论哪一方面的作家立刻一致感到，周作人毕竟是中国文化的第一流的代表人物之一，他忽然现出这样的丑态，不能不是中国文化界的共同的耻辱。当消息初传，疑信未定之时，原来接近周作人的作家偏于疑，力辩周作人不会这样；左翼作家偏于信，根据周作人历来的思想，大致相信他会这样。双方虽然还发生了争论，但唯愿周作人不这样，其实是一致的，惋惜其居然这样，也是一致的。当时艾青发表了题为《忏悔吧，周作人！》的诗，诗中说他自己是"用灼痛的心"接受周作人叛国的消息，那是完全真实的。诗中称周作人为"曾为祖国的文化举起过革命的旗帜的"，还充满感情地说"你曾维护过德谟克拉西/你曾抨击过北洋军阀的政府/你曾无畏地走在思想斗争的最前面/中国的青年/不曾忘记你的名字"，这也完全是由衷之言，是当时中国革命青年

---

① 周作人关于这个问题的多次引述中，《苦口甘口·我的杂学》第六节最详细。

共同的声音。至于原在左、右两翼之外的爱国的正直的作家，例如叶圣陶，始终注视着周作人的动态，为他的安全担心，为他的堕落痛心，也是非常诚恳、历久不忘的。但是，抗战胜利，周作人以汉奸罪被逮捕之后，他的一位朋友为他辩护，却说道："左翼作家久嫉苦茶，今日更当有词可藉，而诸文士亦以知堂之名高而降敌也，复群起而攻之，虽人情之常态，而受者难堪。"① 似乎左翼作家唯愿周作人堕落以快其宿怨，其他诸文士也妒忌周作人的高名，乘其落水而投井下石，这位辩护者抗战期间一直待在北平，也许他对抗战文艺界情况过于隔膜了吧。

二〇

最能够公正地严肃地分析周作人问题的，还是左翼作家。

叶圣陶一九四四年九月十五日在重庆所写的日记云："晚饭后雪峰蓬子来谈。雪峰于文事所见颇深，自言为文不能阔大，同辈为文，鲜能自成风格，其说皆精。又谈及周知堂，言此人终毁于时世，实可深哀。周明知其非，而最近为文则表甘自为之，非由被迫之意，此益可哀已。"② 叶

---

① 俞平伯为周作人辩护致胡适函，收入《胡适来往书信选》，下册第71~73页。

② 叶圣陶《我与四川·蓉渝往返日记》。

圣陶的记载是可信的,是同冯雪峰正式发表的文章相符的。

冯雪峰的文章锐利地解剖了周作人的内心:

> ……但这里却触到所谓"内心"的问题了,因为遭逢衰世,还可以说是外来的运命,所可悲哀和不能不颓败者,是将一切的屈辱,都要做成为全出于自愿……①

他充分肯定了周作人是"五四新文化运动的老将",肯定了周作人"理应能够派作中国最后的一个处士的,众目睽睽,正可作为名节的寄托,以挽回时风,因为他在附敌以前,总算是做到了'清高',对于各个政派或政治性的运动都并未'同情'或'附和',并且还几乎都给以敌意的,确实有'高士之风'。(正确地说,从一九二八年至附敌前是如此的。)"周作人附敌以后,有些论者把他一向对日本文化的欣赏也视为罪过,冯雪峰批评了这个说法:"也不能说他以前就对于日本军阀的侵略政治,已有同情,因为日本军阀的侵略政治和日本国民的生活方式或文化是两件事,而且以前他攻击《顺天时报》等事也可为证。"唯其能够公正地做了这些估计,才能够给周作人以最沉重的历史的判决:

---

① 《雪峰文集》第三卷《谈士节兼论周作人》。

> 他作为一个"处士"而终，正是应该的了；然而这样的"处士"却不仅像往昔的乱世时候一样，遭逢着最晦气的运命，有如言节者所叫屈，而且人正要像对一个被强辱的妇人一样替他叫屈的时候，他又说这是出于他自主，由他自己的高兴，这真够说明那堕落与颓丧的不可收拾了。①

冯雪峰着重指出周作人叛国投敌的内心境界，是将屈辱做成自愿，还指出这是不可收拾的堕落与颓丧的结果，这就抓住了问题的要害。我们从这个要害，可以上探周作人从哪一条路走过来的，还可以更向上探索他这条路同整个中国文化传统和中国知识分子命运的关系。

周作人怎样将屈辱说成自主自愿呢？他自己在法庭上的辩解，以及别人替他辩解②，无非是说他在任伪职期间保全了北京大学的图书仪器，说他发表过有利于中华民族的言论，以致被日本一个军国主义文人斥为"特殊之文学敌人""反动老作家"。这些都是就效果而言，并且是事后的话。至于当时，周作人是引用余怀《东山谈苑》中的一则故事：

---

① 《雪峰文集》第三卷《谈士节兼论周作人》。
② 见《胡适往来书信选》下册第 71~73 页俞平伯致胡适函，又第 613~615 页，附录《沈兼士等为周作人案呈国民党政府首都高等法院文》。

> 倪元镇为张士信所窘辱,绝口不言,或问之,元镇曰,一说便俗。

这则故事他从一九三八年至一九四四年间引用了四次,其中如一九三九年,他已经出任伪北京大学文学院院长以后,他说过,倪元镇"这件事我向来是很佩服,在现今无论关于公私的事有所声说,都不免于俗",这是暗指。(《药味集·玄同纪念》)他晚年写《知堂回想录》一七八节时,更是直截了当地说,他出任伪职以后,这些在敌伪时期所做的事,"我不想这里来写,因为这些事本是人所共知,若是由我来记述,难免有近似辩解的文句,但是我是主张不辩解主义的,所以觉得不很合理"。原来这也是冯雪峰说过的,是"他们处世与附敌的一切'无所谓'而又一切都'深有理由'似的'哲学'"。周作人运用这种哲学,一方面是做出莫测高深的样子以欺世欺人,另一方面是自觉高雅绝俗,继续保持他的"自我感觉良好"。他要把屈辱说成自主自愿的缘故就在这里。

那么,现在我们已经依稀看到周作人的心灵发展,一直是沿着一条努力保持"自我感觉良好"的轨迹进行过来的。如果他生在一个比较平稳和停滞的时代,内心和外界的调协比较容易,也许他真能成为中国最后一个"处士"。可是他恰恰生长在那样震荡和飞跃的时代,一个战士常常要不惜心灵的大裂变大聚变,方能及时调整步伐,而如果无论何时都要保持"自我感觉良好",肯定就会在时代的震荡飞跃中堕入黑暗的深渊,那里才有永远的宁静;或者如前面我们说过,周作人即使堕入罪恶的深渊,也仍然能够实行他一向欣赏的日本的"茶道","在不完全的现世享乐一点美与和谐"。冯雪峰说周作人"除了自己的羽毛,就没有什么是他所爱惜的了",说得好极了;他认为"此人终毁于时世,实可深哀",大概也就是这个意思。

二一

所谓"爱惜羽毛",原不一定是坏事,但用于周作人身上,指的就是居于他的精神结构之底层的那种贵族的精神,包括贵族的优越、冷漠、敏感、傲慢,居高临下的礼貌、温蔼、悲悯、谦退,不容侵犯的尊严、体面、雅洁、宁静……周作人青年时期参加爱国民主的运动,那时他的这些羽毛还未丰满;中年站到新文化运动的前列,一面行进,一面时时留意着不要有一点风尘污损了他的这些羽毛;后来新的运动新的人物起来,大大侵犯了他的这些羽毛,他便站到新的运动的对立面;末了还是为了爱惜他的这些羽毛,连一个中国人的立场也弃之在所不惜了。

天下贵族,原也不可一概而论,俄国第一代英勇的革命家就是贵族革命家,而周作人的贵族精神,则是最缺少热和力的那一种。试与鲁迅做一比较,可以看得更清楚些。

他们两兄弟留学日本的时代，鲁迅发表了《摩罗诗力说》，周作人发表了《论文章之意义暨其使命因及中国近时论文之失》，两篇都是洋洋大文，工力悉敌。鲁迅文中热情地介绍了恶魔派诗人，第一个就是英国著名的贵族革命家拜伦，文中突出他们的共同之点是"立意在反抗，指归在动作"，"其文章无不函刚健抗拒破坏挑战之声"，这也是说出了鲁迅自己的精神结构的特色。而周作人的文章，以其渊懿的学说，介绍了欧洲希腊时代以来几个比较重要的关于文学的定义，澄清了当时中国一般封建冬烘头脑中的混乱，归结到文学改革，思想解放，反儒学，反君权，这也是他后来作为一个启蒙思想家出现在中国文化史上的先声。但是，周作人文中，完全听不到鲁迅那种刚健抗拒破坏挑战的声音，完全没有"立意在反抗，指归在动作"的意思，恰好可以借用鲁迅文中评论屈原的话来评论他："怀疑自遂古之初，直至百物之琐末，放言无惮，为前人所不敢言。然中亦多芳菲凄恻之音，而反抗挑战，则终其篇未能见。"——当然，这并不是说周作人这篇文章的艺术水平已经可以和屈原相提并论了。

更明显的比较是辛亥革命的时候。本来，鲁迅和周作人都可以算是用了纸和笔的武器，参加了辛亥革命的准备工作。但是，辛亥革命真的到来，绍兴光复的前夕，鲁迅能够投身于实际行动，例如，率领学生上街游行，宣传革命形势，稳定人心，又曾带着幼弟周建人，参加万人空巷的行列,到码头上欢迎王金发的革命军,鹄候终日。这些行动当然都不能算是有重大意义的冒险犯难,但都是一个革命者在胜利到来之时革命热情的必然表现。周作人当时也在绍兴,不仅这些行动没有参加,而且如他晚年所回忆的:"辛亥秋天,我回到绍兴,一直躲在家里,虽是遇着革命这样大事件,也没有出去看过。"(《知堂回想录》九三节)他没有说明是什么原因。实际上也或许会有这样那样的具体原因吧,但最根本的原因总该是太缺少革命热情了。

在周作人的精神结构里,一切强烈的东西都没有地位。他提倡中庸,赞颂希腊的和谐、均衡、宁静之美。他主张人的脸上只需要淡淡的表情,例如微微一笑,或是眼光中的一种流露,只要这样就好,他把一切强烈的表情都说成"掀起鼻子,露出牙齿,仿佛是要咬人的样子"。(《看云集·金鱼》)在文学上,他不喜欢李白的豪放,"觉得他夸"。(《苦竹杂记·醉馀随笔》)他把一切热情都混同于热狂和虚华,他说:"我的理想只是那么平常而真实的人生,凡是热狂的与虚华的,无论善或是恶,皆为我所不喜欢。"(《书房一角·原序》)他甚至从根本上否定感情,明确地说:"感情是野蛮人所有,理性则是文明的产物。"(《谈虎集·剪发之一考察》)

在周作人的精神结构里,理性、理智、知识有着极重要的地位。在他的前期,正是用了这些,来照破封建的愚昧和迷信的黑暗。在他的后期，也正是用了这些，来反对一切真理的权威以及真理和群众的结合。他中年以后自号曰"知堂"，经常标榜"知惭愧"，经常引用苏格拉底的格言"知道自己的无知"和蒙田的格言"我知道什么"，他这种冰冷的怀疑主义的理性，绝对排斥任何对真理的坚定信仰和热烈追求。他把一切信仰和追求都混同于盲从和迷信，傲慢地自称为"少信的人"。他提倡常识，他总结自己一生的文章和学问曰："国文粗通，常识略具。"（《苦口甘口·我的杂学》第二十节）他所谓常识其实是一种大傲若谦的说法。他说："盖常人者无特别希奇古怪的宗旨，只有普通的常识，即是向来所谓人情物理，寻常对于一切事物就只公平的看去，所见故较为平正真切，但因此亦还与大多数的意见相左，有时也有反被称为怪人的可能。"（《秉烛后谈·俞理初的诙谐》）可见这常识并不是大多数人的意见，只是极少数卓越优秀之士的真知灼见，大多数人都不过是常识以下的蠢物，这实在是对群众轻蔑到极点了。

前面说过，"革命文学"初倡之时，完全错误地把《语丝》派当作了主要敌人，把鲁迅、周作人当作了主要批判对象。当时鲁迅的反应是，一面反击，一面继续向前行进；不必讳言，这中间他的步伐的确也有一些凌乱，然而很快调整过来，终于跨出了更坚实的步子，走上了更光辉的道路。尽管大家熟知鲁迅自己说过："我有一件事要感谢创造社的,是他们'挤'我看了几种科学底文艺论。"① 其实鲁迅也只是就直接的外因而言;而根本的内因,仍然在于他要反抗,要动作,就不能不寻求新的反抗武器,新的行动指南,创造社的"挤"必须通过这个内因才发生作用。否则,周作人同时被"挤",他通晓日文不在鲁迅之下,何以他并没有阅读和翻译一本马克思主义文艺理论书呢?原来,周作人是因尊严被侵犯而激怒,别的什么都顾不上了;他反正不肯站到尘寰里来反抗,来行动,觉得自己原有的武器也很够用了;他尤其不肯和后辈青年站在同一地平线上交手,以免打得衣冠不整,鼻青脸肿,有失体面,更谈不到研究对方所用的武器了;更主要的是,马克思主义文艺理论的战斗性实践性彻底性群众性,同他那种中庸主义的感情,怀疑主义的理性,对群众的绝对轻蔑,太格格不入了。前面引过周作人批评蔡元培的话,相当警辟地谈到阶级斗争的理论,及至他切身感到自己的羽毛将要受到侵害,便不惜背弃自己原已接近过的真理了。

周作人终于叛国附敌,关键的一步在于他不肯离开眼看马上要沦陷的北平。他自己后来一再辩解说是由于家累太重,当然不是充分的理由,当时弃家或挈家离开沦陷区的人多得很。我们分析过他反对抗战的民族失败主义的思

---

① 鲁迅《三闲集·序言》。

想,这当然非常重要,可是当时北京的教授中抱有同样思想的不仅周作人一人,别人尽管有这思想,大家逃难时仍然跟着一起逃难。周作人如果也同他们一样,譬如说到了昆明的西南联大,说不定会成为抗战文艺中一个消极的力量,勉勉强强地跟到抗战胜利。当然,留在北平的并非都是反对抗战的,周作人后来一再说明他是北京大学校方同意的留平四教授之一。但那三位后来并没有附敌,只有周作人,以他的地位声望,以他和日本文化的密切联系,加上他有那样一个日本妻子,只要他留在沦陷了的北平,他的叛国附敌就是迟早不可免的事。他究竟为什么不肯离开呢?一句话,仍然是爱惜羽毛的缘故。他爱惜北平苦雨斋中的清雅闲适的生活,他爱惜自己数十年努力造成的"京兆布衣"的形象,"苦雨庵中吃茶的老僧"[①]的形象。当时有朋友劝他赶快去上海,他答道:"我去上海做什么?那里是人家的地盘。"[②] 所谓"人家",当然是指左翼作家。他是唯恐到了"人家的地盘",他的羽毛就很难不被侵犯了,他就不惜留在日本侵略者的地盘上了。"除了自己的羽毛,就没有什么是他所爱惜的了",冯雪峰这个分析实在是非常深刻的。

[①] 胡适一九三八年八月四日自英国伦敦寄周作人诗,劝他离开沦陷了的北平,起首两句云:"藏晖先生昨夜作一个梦,梦见苦雨庵中吃茶的老僧。"

[②] 此事舒芜闻之于台静农。

二二

周作人于抗日战争胜利后以汉奸罪被中国政府逮捕，旋由中国法院判处有期徒刑十年，关在南京监狱里，约两年后交保释放。周作人于一九四九年八月回到了解放了的北平，直到一九六七年五月在京去世，这十多年中，人民政府对他做了正确的安排，使他有条件做了不少翻译介绍外国文学的工作，和提供鲁迅研究资料的工作。从他个人来说，这样的晚年还是对人民很有贡献的。但是，在中国文学史上，作为一个大作家的周作人的历史，仍然只能算到他叛国附敌为止，仍然是一个悲剧的结局。

那么，这是什么性质的悲剧呢？如果不仅从周作人的后期历史来看，而是从他的整个历史来看，应该说这是中国文化传统的悲剧，是知识分子命运的悲剧。中国知识分子肩负着中国文化传统，在国家命运突然面临着几千年未有的大变局之时，每个人都有一个命运的问题：或是不能克服文化传统中的消极核心而失败，一切文章学问、功绩成就同归于尽，这就是周作人的悲剧；或是毕生同这个消极核心战斗，鲁迅就是这样谱出了胜利的乐章。

中国文化传统中的消极核心是什么呢？我们先看年轻的鲁迅出马的第一枪便直刺的那个目标："不撄人心之治"。

鲁迅指出:"中国之治,理想在不撄。"① 所谓撄人心,就是震撼人的心灵,打破内心的和谐,打破内心与外界的和谐,这是大不利于暴君的统治和顺民的苟安的,于是成为中国之治的大禁。而这种不撄之治之所以能在中国建立起来,正因为中国民族文化是自我调节型的,它总是能通过矛盾的弱化而不是矛盾的强化来维持存在,实现发展。这种文化使不撄之治有必要,也有可能;长期的不撄之治反过来就使我们的民族文化里结成一个消极的核心。

本来,人同此心,外国的贤哲同样懂得"不撄人心"的妙用。鲁迅指出,柏拉图设计的理想国里,不许诗人存在,同样是为了诗人总要"撄人心"的缘故。(顺带说一下,鲁迅是这样早就看出希腊哲人思想中消极的东西,不像周作人对于古希腊只是一味歌颂。)可是,不撄之治在西方一直没有建立起来。文艺复兴以后的事不必说了,便是中世纪,西方的君师用以统治人心的,也只有神学。神学彻底否定人生,教人忍受现实中的一切苦难,一心向往天国,这对于把现实弄得成了地狱的封建统治者当然有利。但是,彻底否定人生的人,他的心灵不可能是和谐的,他的内心与外界的关系不可能是和谐的,"彻底否定"这本身就是一种震撼的骚乱的关系。正如周作人所指出,他们的隐士在沙漠里绝食苦祷,牛皮裹身,皮带鞭背,他们的大

---

① 鲁迅《坟·摩罗诗力说》。

主教在都市中指挥君民焚烧异端,都是一样的狂热,他们的心灵里都充满了震撼骚乱。为什么他们建立不起有效的不撄之治呢?因为他们的文化就是自我突破型的缘故。

中国也有封建的神学,但是,治国化民的大经大法却是一套完整的封建的"人学"。它教导封建的君怎样做好君,臣怎样做好臣,父怎样做好父,子怎样做好子,总之就是每一个人怎样做好一个封建的人,这就是所谓"君君臣臣父父子子",就是所谓"人伦日用"之学。它并不教导人否定人生,向往天堂,它教导人把现实的封建秩序看作唯一可能的也是最好的秩序,人人都应该维护这个秩序。而最有效的维护,就是每一个人都使其内心与环境,使其自我与其现实地位达到最好的和谐,如果人人都做得到,现实世界结构就会正常运转,井井有条,这就是天下大治。对于知识分子来说,特别要求他们讲究"出处进退辞受取予之间",无论怎么退怎么辞也不是退到这个现实的封建秩序之外去,仍然是在这个秩序之内,并且应该帮助巩固这个秩序,这就是所谓"穷则独善其身,达则兼济天下",就是所谓"处则不失为真儒,出则可以为王佐"。这当然不是容易做到的,所以又必须有一整套的"诗书礼乐"之教,从理智和感情两方面来努力。理智方面就是"格物,致知,诚意,正心,修身,齐家,治国,平天下"的"内圣外王之学";感情方面就是"乐而不淫,哀而不伤"的"温柔敦厚"的"诗教"。其精义可以概括为一个范畴:"中庸"。这是认识论,也是方法论,也是本体论;这是真的标准,也是善的标准,也是美的标准。这一套主要是儒家之学,而老庄、申韩以至外来的佛家之学也都可供采择,相辅相成,或是相反相成。

我们民族长期生活在封建社会的条件之下,我们的民族文化深深打上了封建的烙印。但是,民族文化的性质和特定历史阶段的烙印并不是一回事。我们民族不在封建社会条件下生活了,我们民族文化的自我调节特性所凝成的中庸主义并不是就此消失了;相反地,长期的封建的"不撄之治",已经使中庸主义在民族文化机体里和每个知识分子的精神结构里结成肿瘤。中国的知识分子,即使是曾经站在反对封建文化的斗争的前列的知识分子,如果不是一代又一代地毕生奋斗,去切除民族文化机体中的这个肿瘤,并且始终清醒注视自己的精神结构中的这个肿瘤,坚持治疗,那就必然会发展到癌变的结局。

鲁迅就是毕生同中庸主义战斗,特别同儒家学说中的中庸主义战斗。他在《摩罗诗力说》中就指出儒家的中庸主义的"诗教",不过是"许自由于鞭策羁縻之下"。直到他的晚年,他还留下了"一个都不饶恕"的遗言,还有名篇《女吊》,不仅是一阕反中庸主义的绝唱,而且是留给中国知识分子的语重心长的遗嘱。鲁迅的心灵永远震荡不安,永远经历着裂变与聚变的痛苦过程,他永远不肯接受民族文化中的中庸主义的遗产,永远要"争天拒俗","不为顺世和乐之音"。前面说过,鲁迅有时的步伐显然有些凌乱,其实,作为战士的鲁迅常常是打得衣冠不整,尘土满身,甚至鼻青脸肿,这本是战斗的常态。而周作人,即使在最有战斗性的时代,也多半是站在高台上祭法宝,不是真正在战场的荆棘泥泞中滚打摔爬,所以他总是能够时时梳理羽毛,永远保持着绅士的风度。

周作人和鲁迅同样是从封建的旧垒中来,情形看得较为分明,反戈一击,易致强敌的死命。他在反对封建文化思想方面有很大功绩,前面我们粗略地介绍过一点,还需要另行专文探讨。但是,不论周作人怎样调动了渊博的学识,从几条战线向封建文化思想进行了兜剿围歼,他却忽视了民族文化传统向封建主义提供的营养和土壤——自我调节性,忽视了封建主义扎在民族文化土壤中的那个根——中庸主义。这并非偶然,他自己就缺少热,缺少力,也缺少真正彻骨的冰冷,多的是微温的理智,正是中庸型的精神结构。所以他反对封建而从来不反中庸,并且积极提倡中庸,他的反封建不可能是彻底的。他学贯中西,受过西方文化的沐浴熏陶,是中国第一代的新式知识分子,可是他后来几乎不谈外国,只是在线装书里找寻适合需要的武器,竭力把自己打扮成"活古人"。他晚年总结平生的学问思想,有一段话极可注意:

> 我从中外古今各方面都受到各样影响,分析起来,

大旨如上述所说,在知与情两方面分别承受西洋与日本的影响为多,意的方面则纯是中国人,不但未受外来感化而发生变动,还一直以此为标准,去酌量容纳异国的影响。这个,我向来称之曰儒家精神,虽然似乎有点笼统,与汉以后尤其是宋以后的儒教显有不同;但为表示中国人所有的以生之意志为根本的那种人生观,利用这个名称殆无不可。我想神农大禹的传说就从这里发生,积极方面有墨子与商韩两路,消极方面有庄杨一路,孔孟站在中间,想要适宜的进行,这平凡而难实现的理想我觉得很有意思,以前屡次自号儒家者即由于此。佛教以异域宗教而能于中国思想上占很大的势力,固然自有其许多原因,如好谈玄的时代与道书同尊,讲理学的时候给儒生作参考,但是其大乘的思想之入世的精神与儒家相似,而且更为深彻,这原因恐怕要算是最大的吧。(《苦口甘口·我的杂学》第二十节)

他这样解释的儒学,主要之点就是所谓"入世的精神",也就是我们上面说的封建的"人学"。他明明说这是中国人所固有的人生观,固然可以利用儒学这个名称来表示,但神农大禹的传说,墨子、商鞅、韩非、庄子、杨朱的学说,同样是这种人生观的产物,无非是儒学比较得这种人生观之全,连外来的大乘佛学也有与这种人生观相通之处,可见他也不仅是在讲某一家的学说,而是从整个民族文化来立论。他把这种文化叫作"求生的意志"或是"入世的精神",我们则称之为"自我调节型的文化",他认为最能表现这种文化的是儒学,我们则称之为"封建的人学",指的都是同一个东西。他要发扬入世的精神,也不是完全不对。他要广泛吸取异域新知,来给民族传统增加新的武器装备,用意也不是全无可取。但是,他对自己的精神结构中的中庸主义的肿瘤并无觉察,因而也限制了他对民族文化的认识,使他完全看不到中西两大文化相激相荡的大变局中,只有切除了民族文化中的中庸主义的肿瘤,才有可能把自我调节型的文化改造为自我突破型的文化,我们民族才能够适应这个大变局,这才是根本之计。否则,不管他掌握了怎样丰富的异域新知,都不可能找到拯救民族的道路,也不可能使他这个儒家成为真正的新儒家。他自以为"与汉以后尤其是宋以后的儒教显有不同",其实在中庸主义这个根本点上并无不同,别的差别都只是次要的。周作人从反封建的前列,一退而为封建的异端派(如明末的山人名士)的护法,再退而与封建妖孽汉奸政客同流,其间一条曲径通幽,就是中庸主义。

中庸主义是颓废的东西,是衰老的产物。一九二四年,周作人才四十岁,就以无限欣赏同情的态度,译引了蔼理斯的两段话,说是"最好是闲静的招呼那熹微的晨光,不必忙乱的奔向前走,也不要对于落日忘记感谢那曾为晨光之垂死的光明",以后又多次引用。几年之后,周作人又欣赏地译引了哈理孙女士歌颂老年的话,说是"你被轻轻的挤下了戏台,但那时你却可以在前排得到一个很好的座位去做看客,而且假如你已经好好地演过了你的戏,那么你也就很愿意坐下来看看了"①。这些达观的话,都体现了中庸之美,同时又含着多少颓唐的怅惘啊!这是很典型的以弱化矛盾来解决矛盾的自然调节。对比起来,四十四岁的鲁迅却写下了这样的誓言:首先,"我就还要寻求那逝去的悲凉漂渺的青春,但不妨在我的身外。因为身外的青春倘一消灭,我身中的迟暮也即凋零了";其次,"纵使寻不到身外的青春,也总得自己来一掷我身中的迟暮"。② 鲁迅也有迟暮之感,这不能不与他也从旧垒中来有关,但是他还要寻求身外的青春,寻不到时也要一掷身中的迟暮,这就是同周作人完全相反的态度,是同民族文化传统中的消极核心顽强战斗,是用强化矛盾来解决矛盾的自我突破。鲁迅的榜样,周作人是不肯学的,他还译引了日本兼好法师的话,对鲁迅进行了影射攻击,说什么"人们活过了四十岁,便将忘记自己的老丑,想在人群中胡混,私欲益深,人情物理都不复了解"。(《周作人书信·序信》引)这"人情物理"成了他晚年常常高举的一面旗帜,其实就是全副现代装备的

---

① 《夜读抄·希腊神话一》译引哈理孙《学生生活之回忆》的结尾。
② 鲁迅《野草·希望》。

中庸主义的"人学"罢了。

古老的中华民族遇到生死存亡的危机,最迫切需要的是振作,是突破,是震撼那若醒若梦的渴睡似的人心,这时候颓废会成为最大的罪恶。周作人先是乘着中庸主义的小舟涌上历史的潮头,后来新的潮头迎面打来,他不肯跳出小舟冲波踏浪,还想用这小舟力障狂澜,既不可得,乃以颓废自保,并以导人。他的颓废植根于民族文化的土壤之中,传统的自我调节性,本来就会产生周作人所欣赏所追求的"精炼的颓废"。周作人抱着全部"精炼的颓废",也带着他的全部的功绩和成就,一步一步离开人民,一步一步离开国家民族,这不是他个人的悲剧,而是古老的传统的悲剧。我们民族的悠久灿烂的古文化必须由自我调节型的变为自我突破型的,方能像凤凰涅槃一样得到新生,这就是我们的文化革命的内容。而一切新生过程,同时也必然有毁灭,这一面就是以周作人的悲剧为代表。他其实也并未演完这个悲剧,民族文化新生过程中该毁灭的东西的彻底毁灭,还是一个很长的过程,我们研究周作人的整个一生,看看这个未完的悲剧会怎样演下去,让一切精炼的和粗陋的颓废都尽早退出舞台,不让一切功绩和成就无意义地成为悲剧的殉葬品,留下来参加新生的过程,这就是我们的目的。

1985 年 12 月 7 日—1986 年 4 月 10 日

理性的清朗与现实的阴暗
——周作人的文化心态

一

人不能超越时代,但是有的人又似乎生错了时代。周作人就说他自己有些像是十八世纪的人,头脑不是现代的,"压根儿与现代浓郁的空气有点不合"。(《谈虎集下卷·后记》)所谓十八世纪的头脑,就是启蒙主义者的宁静理智的头脑,从这方面说,符合周作人的情况。但是启蒙主义者都充分相信人性本来的美善,相信理智在说明世界和教育群众方面的无穷的力量,对人生和历史抱有乐观的态度,从这方面说,又不大符合周作人的情况。周作人对此是有自知的,所以他只说是"略有相像",并且明说是"没有那样乐观"。其所以如此,是因为他的文化心态存在着很大的矛盾,正如他自己准确地解剖了的:"我的信仰本来极是质朴,明朗,因此也颇具乐观的,可是与现实接触,这便很带有阴暗的影子。"(《过去的工作·凡人的信仰》)

周作人这个自我解剖是可信的。他在他早期的名文《人的文学》里宣布:"我们相信人的一切生活本能,都是美的善的,应得到完全满足。""我们相信人类以动物的生活为生存的基础,而其内面生活,却渐与动物相远,终能达到高上和平的境地。"(《艺术与生活·人的文学》)这正是对人生的一种非常乐观的看法。他后来更详细地解释人类怎样异于禽兽:禽兽只要自己能生存,便不惜危害别个的生存,弱肉强食;人类则不但能互助,这一点动物中也有能够做到的,人类还知道己之外有人,知道别人也自有其好恶,设法圆满相处,这是人类独有的生存的道德。周作人热烈赞美这种人类独有的生存道德,也可以说是人类独有的文化,称之为"生物本能的崇高化或美化"。(《苦口甘口·梦想之一》)有时他又把人类文化分为物的文化和人的文化,说是根据生物的本能,利用器械使技能发展,便于争存者,即物的文化,如枪炮及远等于爪牙之特别锐长,听远望远等于耳目的特别聪明,于生存上有利,而其效止在损人利己,这在文化上只能说是低级的,虽已高于动物,但只有量的差异,而非质的不同。至于高级的文化则与动物本能有质的不同,"虽然并不违反自然,却加以修改或节制,其行为顾虑及别人,至少要利己而不损人,又或人己俱利,以至损己利人,若此者为高级的,人的文化"。(《风雨谈·日本管窥之三》)他相信人类独有的人的文化在现实中存在,相信人能够达到这样美善的境地,这种信仰确实具有十八世纪启蒙主义者那种质朴明朗的色彩。

然而十八世纪的理想不能不接触二十世纪的现实,周作人的头脑是十八世纪的古典式的,他的感觉却是二十世纪的,十足现代人的,不能不同乐观的信念发生矛盾,周作人引英国蒱来则博士的话道:"事实与科学决不是怎样乐观的。"(《看云集·〈英吉利谣俗〉序》)理论上,他相信人类能够超出弱肉强食的境地,达到高级的人的文化;但是他实际看到的是:"生物的自然之道是弱肉强食,适者生存。河里活着的鱼虾虫豸,忽然水干了,多少万的生灵立即枯死。自然是毫无感情的。《老子》称之曰天地不仁。人这生物本来也受着这种支配,可是他要不安分地去想,想出不自然的仁义来。仁义有什么不好,这是很合于理想的,只是苦于不能与事实相合。不相信仁义的有福了,他可以老实地去做一只健全的生物。相信的以为仁义即天道,也可以圣徒似的闭了眼祷告着过一生,这种人虽然未必多有。许多的人看清了事实却又不能抛弃理想,于是唯有烦闷。"(《苦竹杂记·畏天悯人》)他更加沉痛地看到,人类还会堕落到弱肉强食的动物之下:"鹿和羚羊遇见老虎,跑得快时保住性命,跑不脱便干脆的被吃了,老虎也老实的饱吃一顿而去,决没有什么膺惩以及破邪显正的废话。在交尾期固然要闹上一场,但他们决不借口无后为大而聚,更不会衔了一块肉骨头去买母狗的笑,至于鹿活草淫羊藿这种传说自然也并无其事。我们遏抑本性的发露,却耽溺于变态

的嗜欲，又依恃智力造出许多玄妙的说明，拿了这样文明人的行为去和禽兽比较，那是多么可惭愧呀。"（《夜读抄·〈蠕范〉》）

周作人面对人类这些畜生道乃至畜生道以下的现象，还不仅感到烦闷，感到惭愧，他往往更进一步感到理智之无能，在说明世界上简直没有用。他举出国民党大戮青年之时，湖南一个十五六岁的女学生，仅仅因为读郭沫若的《落叶》，就被枪决。他举出历史上的文字狱，例如，汉朝杨恽因为在《报孙会宗书》中说了"种一顷豆，落而为萁"这些话，而被腰斩。他说古今这些事"同样地不可思议。然而这个世界就是这样不可思议的世界；其奈之何哉"。（《看云集·哑巴礼赞》）他甚至以清醒的理智为人生不可堪的负担，他说过这样惨烈的话："盖世间所有唯辱与苦，茹苦忍辱，斯乃得度。……此等人对于人生细细尝味，如啜苦酒，一点都不含糊，其坚苦卓绝盖不可及，但是我们凡人也就无从追踪了。话又说了回来，我们的生活恐怕还是醉生梦死最好罢。——所苦者我只会喝几口酒，而又不能麻醉，还是清醒地都看见听见。又无力高声大喊，此乃是凡人之悲哀，实在无可如何者耳。"（《看云集·麻醉礼赞》）从十八世纪式的崇尚理智，到现代人的清醒的悲哀，这正是所谓明朗质朴的信仰，却很带有阴暗的影子。

尽管周作人谦称自己是凡人，无法追踪"坚苦卓绝者"之茹苦忍辱，细啜人生苦酒，其实他并非真正以平凡自居。

他不过是表示能深切理解此种凡人之悲哀，为之代言，而代言者总是站得更高，他自己正是以细啜人生苦酒，一点都不含糊自许。归根结底他仍然崇尚理智，要用这理智来统率现代人的痛苦的感受和迷乱的感情，他把这叫作"理智的消极态度"，又叫作"现代虚无思想"。他赞美日本"余裕派"作家夏目漱石有这种思想，他说夏目漱石之所以被称为"余裕派"，是因为他"缓缓的，从从容容的赏玩人生"，也就是一口一口细啜人生苦酒的意思。（《艺术与生活·日本近三十年小说之发达》）周作人一生以提倡"闲适"著名，赞成他反对他的都集中于这一点，他却屡次表示大家都没有真正理解他的"闲适"的苦味，这当然有许多原因，而他自己尽管在许多时候许多地方解剖他自己文化心态的矛盾，却没有系统地说过，也是不能得到大家的理解的重要原因之一。我们这里试做较系统的探讨。上面已经证明周作人的信仰本是明朗乐观的，以下着重看他如何与二十世纪的现实相接触，而有一系列的现代人痛苦意识。

二

首先，我们看到，周作人具有人生无目的无意义这一种典型的现代意识。他完全同意地抄译了他最敬佩的英国学者蔼理斯的话："人家告诉我们，世界是向这边，向那边,向别一边移动。不要相信他们。人们永不知道世界进行的方向。谁曾预知——且不说那些更古更渺茫的事情——耶稣的磔刑呢?有哪个希腊或罗马人在他思想最离奇的时候预想到我们的十三世纪的情形呢?哪一个基督教徒预知文艺复兴,谁真曾期待法国革命呢?"(《永日集·蔼理斯〈感想录〉抄》中抄译)他自己说得更阴惨可怕,他说人生之路的终点只是死,大家都坐在敞车上开赴刑场,这里他直截了当地提出了他的"闲适"论道:"我们谁不坐在敞车上走着呢?有的以为是往天国去,正在歌笑;有的以为是下地狱去,正在悲哭,有的醉了,睡了。我们——只想缓缓的走着,看沿路景色,听人家的谈论,尽量的享受这些应得的苦和乐;至于路线如何,或是由西四牌楼往南,或是由东单牌楼往北,那有什么关系?"(《谈虎集下卷·寻路的人》)这种比喻的说法,尽管诙诡一些,意思还是清楚的,无非是说只有这种态度方是智者的态度。后来他在另一方式下把这个道理说清楚了,他举出古时几位被迫服毒自杀的人,临饮毒酒之前还能对客诙谐,说请原谅此酒不可以相劝,他解释道:"夫好生恶死人之常情也,我们亦何必那么视死如甘寝,实在是'千年不复朝,贤达无奈何'耳,唯其无可奈何所以也就不必多自扰扰,只以婉而趣的态度对付之,此所谓闲适亦即是大幽默也。"(《瓜豆集·自己的文章》)以十八世纪的智者的宁静的头脑,来统率二十世纪的绝望的生命观或死亡观,结果必然成为苦味的"闲适"论,这里说得再清楚也没有了。

其次我们看到,周作人的现代意识还表现为绝望的历史观,他自己叫作"暗黑的新宿命观"。(《苦口甘口·灯下读书论》)他明白承认这是来自现代哲学先驱尼采的世事轮回观。(《看云集·〈枣〉和〈桥〉的序》)然而他的宿命观并不蔑视历史,倒是郑重提倡青年读历史。他说:"我始终相信《二十四史》是一部好书,他很诚恳地告诉我们过去曾如此,现在是如此,将来要如此,历史所告诉我们的在表面的确只是过去,但现在与将来也就在里面了;正史好似人家祖先的神像,画得特别庄严点,从这上面却总还看得出子孙的画影,至于野史等更有意思,那是行乐图小照之流,更充足地保存真相,往往令观者拍案叫绝,叹遗传之神妙。正如獐头鼠目再生于十世之后一样,历史的人物亦常重视于当世的舞台,恍如夺舍重来,慑人心目,此可怖的悦乐为不知历史者所不能得者也。通历史的人如太乙真人目能视鬼,无论自称为什么,他都能知道这是谁的化身,在古卷上找得到他的元形,自盘庚时代以降一一具在,其一再降凡之迹若示诸掌焉。浅学者流妄生分别,或以二十世纪,或以北伐成功,或以农军起事划分时期,以为从此是另一世界,将大有改变,与以前绝对不同,仿佛是旧人霎时死绝,新人自天落下,或从空桑中跳出来,完全是两种生物的样子:此正不学之过也。"(《永日集·闭户读书论》)对于黑暗轮回的历史偏要做透彻的审视,以求得

"可怖的悦乐",这又正是以理智来统率现代意识的结果。

又其次,我们看到,周作人的现代意识里充满了世界荒诞的感觉。他始终坚信他的理智的普遍性,他把这称为平常的人平常的意见,他以此作标准,来测验这个世界,发现平常的东西倒被这个世界视为荒诞,那么真正荒诞的当然是这个世界本身。他举明末李贽因思想问题而被迫害的事为例说:"我想起李卓吾的事,便觉得世事确是颠倒着,他的有些意见实在十分确实而且也平常,却永久被看作邪说,只因为其所是非与世俗相反耳。"(《秉烛后谈·谈劝酒附记二》)不仅一个李贽,古往今来的常人,都有被这个荒诞的世界视为怪人的可能:"盖常人者无特别希奇古怪的宗旨,只有普通的常识,即是向来所谓人情物理,寻常对于一切事物就只公平的看去,所见故较为平正真切,但因此亦遂与大多数的意见相左,有时也有反被称为怪人的可能。"(《秉烛后谈·俞理初的诙谐》)周作人特别感到平实平常平凡的道理或理想,在这个荒诞的世界里反而最难实现,最难被理解:"我的理想只是中庸,这似乎是平凡的东西,然而并不一定容易遇见,所以总觉得可称扬的太少,一面固似抱残守缺,一面又像偏喜诃佛骂祖,诚不得已也。"(《秉烛后谈·自己所能做的》)"本是很简单的道理,而说出来不容易,能了解也不容易。"(《过去的工作·焦里堂的笔记》)"这种说法实在是很平实而亦新奇。为什么呢?向来只有那些不近人情的道学家与行不顾言的文人横行于世,大家听惯了那一套咒语,已经先入为主,所以对于平常实在的说法反要觉得奇怪,那也是当然的事吧。"(《苦竹杂记·古南馀话》)周作人尽管对世事有这样强烈的荒诞感,但是他与现代主义思想家不同的,是对于理智的力量仍未完全绝望。他持以衡量世事的其实是高标准,他却总是要把它说成常识,说成平凡的道理,正是隐隐间总还希望它能纠正这个荒诞的世界,所以他尽管慨叹"伟大的常人"太少了,仍然对极少数的"伟大的常人"的功业给了很高的评价:"如平常人,有常识与趣味,知道凡不合情理的事既非真实,亦不美善,不肯附和,或更辞而辟之,则更有益于世道人心矣。俞理初可以算是这样一个伟大的常人了,不客气地驳正俗说,而又多以诙谐的态度出之,这最使我佩服,只可惜上下三百年此种人不可多得,深恐只手不能满也。"(《秉烛后谈·俞理初的诙谐》)

三

周作人的诸种现代人感觉当中,最具有他个人特色的,是人世的孤独感寂寞感。他从和尚以及信佛老妪们散"结缘豆"的风俗说起道:"为什么这样的要结缘的呢?我想,这或者由于不安于孤寂的缘故吧。富贵子嗣是大众的愿望,不过这都有地方可以去求,如财神送子娘娘等处,然而此外还有一种苦痛却无法解除,即是上文所说的人生的孤寂。

孔子曾说过，鸟兽不可与同群，吾非斯人之徒而谁与。人是喜群的，但他往往在人群中感到不可堪的寂寞，如在庙会时挤在潮水般的人丛里，特别像是一片树叶，与一切绝缘而孤立着。念佛号的老公公老婆婆也不会不感到，或者比常人还要深切吧，想用什么仪式来施行祓除，列位莫要笑他们这几颗豆或小烧饼，有点近似小孩们的'做人家'，实在却是圣餐的面包蒲桃酒似的一种象征，很寄存着深重的情意呢。我们的确彼此太缺少缘分，假如可能实有多结之必要，因此我对于那些好善者著实同情，而且大有加入的意思。"（《瓜豆集·结缘豆》）现代中国文学当中表现不可堪的人生孤寂之感的，没有比这一段话更深切沉痛的了。

人与人的交流，靠语言文字，然而这个交流手段究竟有多少用，有什么用，周作人对此表示十分怀疑。他说："自己想说服别人，或是有所辩解，照例是没有什么影响，而且愈说愈是渺茫……老实说，我觉得人之互相了解是至难——即使不说是不可能的事，表现自己之真实的感情思想也是同样地难。我们说话作文，听别人的话，读别人的文，以为互相理解了，这是一个聊以自娱的如意的好梦，好到连自己觉到了的时候也还不肯立即承认，知道是梦了却还想在梦中多流连一刻。"（《知堂文集·沉默》）

不仅一般的语言文字，便是最精粹的语言文字即文学，能有多大的达意表情的作用，周作人也表示根本怀疑。他说："我平常很怀疑心里的'情'是否可以用了'言'全表了出来,更不相信随随便便就表得出来。什么嗟叹啦,咏歌啦,手舞足蹈的把戏,多少可以发表自己的情意,但是到了成为艺术再给人家去看的时候,恐怕就要发生了好些的变动与间隔,所留存的也就是很微末了。死生之悲哀,爱恋之喜悦,人生最深切的悲欢甘苦,绝对地不能以言语形容,更无论文字,至少我是这样感想。世间或有天才自然也可以有例外,那么我们凡人所可以文字表现者只是某一种情意,固然不很粗浅但也不很深切的部分,换句话来说,实在是可有可无不关紧急的东西,表现出来聊以自宽慰消遣罢了。"(《看云集·草木虫鱼小引》)

周作人的现代人的孤寂感,由于他的启蒙主义者的智者的头脑,而更加强烈,而这种智者的孤寂也就是他的孤寂感的最大特色。他始终忘不了要以他的思想去启发人世的愚蒙,结果总是收效甚微。思想对于现实,贤哲对于大众,几乎毫无力量,这是他最以为寂寞的事。他说过这样惨痛的话:"盖据我多年杂览的经验,从书里看出来的结论只是这两句话,好思想写在书本上,一点儿都未实现过,坏事情在人世间全已做了,书本上记着一小部分。"(《苦口甘口·灯下读书论》)写在书上的好思想,是古今圣哲的思想,既是一点都未实现过,这些圣哲的寂寞可谓至极了。周作人说他在浊世中展对这些圣哲的遗教,不知怎的很替他们感觉得很寂寞似的。他又说:"希腊有过梭格拉底,印度有过释迦,中国有过孔老,他们都被尊为圣人,但是在现今的本国人民中间他们可以说是等于'不曾有过'。我想这原是当然的，正不必代为无谓地悼叹。这些伟人倘若真是不曾存在，我们现在当不知怎的更是寂寞，但是如今既有言行流传，足供有艺术趣味的人的欣赏，那就尽够好了。至于期望他们教训的实现，有如枕边摸索好梦，不免近于痴人，难怪要被骂了。"（《雨天的书·教训之无用》）这是以智者对智者的寂寞的同感，正如他又说过："其实在人世的大沙漠上，什么都会遇见，我们只望见远远近近几个同行者，才略免掉寂寞与空虚罢了。"（《自己的园地·有岛武郎》）他正是以人世大沙漠上远远近近寥寥几个圣哲的同行者自居。

与圣哲的寂寞相对应，那一边便是群众的愚昧，而后者便是造成前者的原因，周作人是这样看的。他说："思想的力量在群众上面真可怜地微弱，这虽在我们不很懂唯物史观的人也是觉得的。"（《雨天的书·"大人之危害"及其他》）这里说的是高尚的思想，它对于群众之所以没有什么力量，是因为群众另自有其思想，周作人引乔治谟耳的话说："民众的思想都是反动的。"（《自己的园地·日本的讽刺诗》）有的思想家信仰群众，认为自己的思想代表了群众，周作人对此作了根本的否定："群众还是现在最时新的偶象，什么自己所要做的事都是应民众的要求，等于古时之奉天承运，就是真心做社会改造的人也无不有一种单纯的对于群众的信仰。仿佛以民众为理性与正义的权化，而所做的事业也就是必得神佑的十字军。这是多么谬误呀，我是不相信群众的，群众就只是暴君与顺民的平均罢了，然因此凡以群众为根据的一切主义与运动我也就不能不否认，——这不必是反对，只是不能承认他是可能。"（《谈虎集下卷·北沟沿通信》）再进一步，周作人认为，群众不仅是不能接受高尚的思想，而且恰好是要扼杀自由的高尚的思想。他说："社会流行的势力很大，不必要有君主的威力压在上面，也就尽够统制，使人的言论不能自由，此事至堪叹息，伊勃生说少数总是对的，虽不免稍偏激，却亦似是事实。"（《秉烛后谈·谈劝酒附记二》）这样愚昧专横的群众，又往往被野心家的愚民政策弄得更加愚昧专横。周作人说："贤哲设教唯恐人之不解思量，英雄则恐人解思量，盖如此便不易得健者供驱使，俗所谓愚民政策无他，实只是使人毋思量而已。"（《药堂语录·许敬宗语》）下有以其昏昏使人昏昏的愚民，上有以其昭昭使人昏昏的英雄，上下这么一结合，贤哲的寂寞的命运乃无所逃于天地之间了。

周作人这种智者的寂寞感，还表现为文化的寂寞感。他认为一切高级文化，以及研究高级文化的事业，都是寂寞的。他说："要了解一国文化，这件事固然很艰难，而且，实在又是很寂寞的。平常只注意于往昔的文化，不禁神驰，但在现实上往往不但不相同，或者还简直相反，这时候很要使人感到矛盾失望。其实这是不足怪的。古今时异,一也,多寡数异,又其二也。天下可贵的事物本不是常有的,山阴道士不能写黄庭,曲阜童生也不见得都能讲《论语》,研究文化的人想遍地看去都是文化,此不可得之事也。日本文化亦是如此,故非耐寂寞者不能着手研究,如或太热心,必欲使心中文化与目前事实合一,则结果非矛盾失望而中止不可。不佞尝为学生讲日本文学与其背景,常苦于此种疑问之不能解答;终亦只能承认有好些高级的文化是过去的少数的,对于现今的多数是没有什么势力,此种结论虽颇暗淡少生气,却是从自己的经验得来,故确实是诚实无欺者也。"(《风雨谈·日本管窥之三》)

周作人从他的文化寂寞感,提出了两种文化的理论,即最高成绩文化与全体平均成绩文化,或菁华文化与民俗文化的理论。他说他是通过失败的教训了解这个区别的:"要了解一国民的文化,特别是外国的,我觉得如单从表面去看,那是无益的事,须得着眼于其情感生活,能够了解几分对于自然与人生的态度,这才可以稍有所得。从前我常想从文学美术去窥见一国文化的大略,结局是劳而无功,后始省悟,自呼愚人不止,懊悔无及,如要卷土重来,非从民俗学入手不可。古今文学美术之菁华,总是一时的少数的表现,持与现实对照,往往不独不能疏通证明,或者反有牴牾亦未可知,如以礼仪风俗为中心,求得其自然与人生观,更进而了解其宗教情绪,那么这便有了六七分光,对于这国的事情可以有懂得的希望了。"(《药味集·缘日》)

不但研究外国文化是如此，我们研究中国自己的文化也是如此，而且更有条件这样做。周作人说："研究中国文化，从代表的最高成绩看去固然是一种方法，但如从全体的平均成绩着眼，所见应比较地更近于真相。关于性的现象，交接、孕娠、生产、哺育，种种民间的思想与习惯，如能搜集研究，横的从地方上，纵的从年代上编成有统系的一种史志，我相信他能抓住中国文化的一面，会比《九通》之类还要多，还要精确。……真正的中国国民思想是道教的，即萨满教的，但也混入儒佛的分子，其经典中的上列（《太上感应篇》、文昌帝君《阴骘文》、关圣帝君《觉世真经》）三书与《玉历钞传》就是这两派混合的成绩品，把这些成文的道教经典与不成文的（却更为重要）的风俗礼节，广加采集，深加研究，所得结果也要比单从十三经二十四史研究出来的更能得到国民思想的真相。"（《看云集·拥护〈达生编〉等》）这种文化研究是寂寞的工作，然而智者甘于寂寞，或者说不甘于寂寞，要凭着理智的力量来观照这文化沙漠，来征服这种寂寞。

四

周作人的确是十分崇尚理智的力量的。他说过这样绝对化的话："感情是野蛮人所有，理性则是文明的产物，人类往往易动感情，不受理性的统辖……此亦可谓蛮性遗留之一发现也。"(《谈虎集下卷·剪发之一考察》)他不屑于只做一个文人,"自己觉得文士早已歇业了,现在如要分类,找一个冠冕的名称,仿佛可以称作爱智者,此只是说明对于天地万物尚有些兴趣,想要知道他的一点情形而已"。(《夜读抄·后记》)他最提倡的理性就是"明净的观照"。他用"明净的观照"来和"单纯的信仰"相对立:"单纯的信仰(Simple Faith)在个人或是幸福,但我觉得明净的观照更有兴趣,人生社会真是太复杂了,如实地观察过去,虽然是身入地府,毕生无有出期,也似乎比一心念着安养乐邦以至得度更有一点意思。"(《苦雨斋序跋文·点滴序》)他越是具有强烈的现代人的空虚感,就越是强调要以"明净的观照"来对待这空虚的人世,他把这叫"伟大的捕风"。对此,他简直以赞美歌的调子做过反复的咏叹:"已有的事后必再有,已行的事后必再行,此人生之所以为虚空的虚空也欤?传道者之厌世盖无足怪。他说:'我又专心察明智慧狂妄和愚昧,乃知这也是捕风,因为多有智慧就多有愁烦,加增智识就加增忧伤。'话虽如此,对于虚空的唯一的办法其实还只有虚空之追迹,而对于狂妄与愚昧之察明乃是这虚无的世间第一有趣味的事,在这里我不得不和传道者的意见分歧了。……察明同类之狂妄和愚昧,与思索个人之老死痛苦,一样是伟大的事业,积极的人可以当一种重大的工作,在消极的也不失为一种有趣的消遣,虚空尽由他虚空,知道他是虚空,而又偏去追迹,去察明,那么这是很有意义的事,这实在可以当得起说是伟大的捕风。"(《看云集·伟大的捕风》)周作人认为,人类能以理智察明自己的愚昧狂妄空虚,能承受这方面的无慈悲的讽刺鞭挞,这"至少可以当作这荒谬万分的人类的百分之一的辩解"。[《看云集·论居丧(译文)附记》]

周作人崇尚理智,但并不是乐观地认为理智万能,相反地倒是有强烈的怀疑精神,他崇奉的格言是苏格拉底的"自知其所不知"和蒙田的"我知道什么"。他认为玄学虽与理智相反,但玄学又正是产生于理智万能的信念。他说:"人总喜欢知道一切,不肯存疑,于是对于不知的事物只好用空想去造出虚构的解说,结果自然走到玄学里去了。"(《永日集·新旧医学斗争与复古》)这种怀疑精神正是带有现代虚无意识的色彩,和蒙田的乐观并不相同。所以他痛苦地承认:"到底还有什么是知的呢?没有固然也并不妨,不过一样一样的减掉之后,就是这样的减完了,这在我们凡人大约是不很容易做到的,所以结果总如碟子里面留着的末一个点心,让他多少要多留一会儿。"(《秉烛后谈·自己所能做的》)

周作人就是一面崇尚理智,一面又对理智有痛苦的怀疑,冲突的结果便形成他的极有特色的"知之为知之,不知为不知"论。早在一九二四年,他便宣布"自知无所知却是我的第一个的真知也"。(《雨天的书·一年的长进》)以后他再三再四地反复申说这个意思,例如,一九三四年他又说:"近几年自己检查,究竟所知何事,结果如理故纸,百分之九十九均已送入字纸篓中,所余真真无几矣。将此千百分中残余的一二写成文章,虽然自信较为可靠,但干枯的木材与古拙的手法,送出去亦难入时眼也。"(《夜读抄·苦茶庵小文·小引》)这说得十分谦虚,其实另一面就是十分自信。又过了十年,即一九四四年,他便完整地把这种自信说了出来:"在书房里熟读四书,至今却已全盘忘记,只剩下零星二三章句,想起来觉得有点意思,其最得受用的乃是孔子教诲子路的话,即是知之为知之这一章。我先从不知为不知入手,自己切实的审察,关于某事物你真是有所知识么,这结果大抵是个不字,差不多有百分之九十以上就是这样的打消了。以前自以为有点知道,随便开口的有些问题,现在都搁了起来,不敢再来乱谈,表示十分的谨慎,可是留下来的百分之二三的事情,经过考虑觉得稍有所知的,那也就不能不坦白的承认,关于这些问题谈到时便须得不客气的说,即使知道得浅,但总不是虚谬。孔子的教训使我学得了九十分以上的谦虚,同时却也造成了二三分的顽固,即对于有些问题的不客气或不让。自己知道一点的事情,愿意公之于人,只要不为名利,其所言者有利人群,虽或未能比诸法施,薪火相传,不知其尽,亦是有意义的事,学人著书的究极目的大概即在于此。又或以己所知,照视世间种种言说行事,显然多是歪曲误谬,有如持灯照暗陬,灯光所及,遂尔破暗,则匡谬正俗实为当然之结果,虽不好辨,亦岂可得。鄙人于积极的著书立说之事犹病未能,唯平日鉴于乌烟瘴气充塞中国,深觉气闷,读吾乡王仲任遗书,对于他的疾虚妄的精神非常佩服,仿佛找着了一条道路,向着这方向如能走到一步是一步,虽然原是蜗牛上竹竿,不知道能够进得多少,但既是想这样做,则纵欲学为多点头少说话,南辕而北辙,殆不可能矣。"(《立春以前·文坛之外》)这一大段话有四个要点:一是觉得世间多歪曲误谬,二是怀疑自己的知识,三是坚信自己仍确有所知,四是坚决要以自己的所知去烛照那歪曲误谬的世界。前二者是现代人的意识,第三点仍是十八世纪的理性,合并为第四点就是周作人的特殊的矛盾的文化心态。

周作人把他这种心态叫作"爱真实,疾虚妄"。他说:"昔孔子诲子路,知之为知之,不知为不知,是知也,鄙人向来服膺此训,以是于汉以后最佩服疾虚妄之王充,其次则明李贽,清俞正燮,于二千年中得三人焉。疾虚妄的对面是爱真实,鄙人窃愿致力于此,凡有所记述,必须为自己所深知确信者,才敢著笔,此立言诚慎的态度,自信亦为儒家所必有者也。"(《药味集·序》)他这里说到儒家,有他自己的解释,他曾评论蔡元培的思想云:"若撮举大纲,当可以中正一语该之,亦可称之曰唯理主义。……我故以为是真正的儒家,其与前人不同者,只是收容近世的西欧学问,使儒家本有的常识更益增强,持此以判断事物,以合理为止，故即可目为唯理主义也。"（《药味集·记蔡子民先生的事》）这里张出了"唯理主义"的旗帜，那么所谓十八世纪的头脑便显现得非常清楚，"儒家"云云则是有意要披上中式古装，以便加强其唯理的倾向在中国的号召力。

但是，周作人这种十八世纪式的唯理主义碰到二十世纪的现实，又不得不带上阴暗的色彩，不仅会觉得"知识也就是苦，至少知识总是有点苦味的"（《苦口甘口·灯下读书论》），而且"因为一切以情理为准，对于古今权威便不免多有冲突，很容易被社会目为非圣无法或大逆不道，构成思想狱"（《知堂乙酉文编·孔融的故事》），结果成了"天下第一大危险事乃是不肯说诳话"（《药堂杂文·读初潭集》），言必由衷本是人之常道，而"在现今却不得不当作奇事说"（《过去的工作·两个鬼的文章》），于是唯理主义者本身的存在和遭遇便构成了荒诞颠倒的现实的一部分。

五

周作人虽是唯理主义，虽然他过于绝对化地说过感情就是野蛮这样的话，但是他并非全然无情，他认为他所佩服的唯理主义者都是"唯理而复有情"，这也适用于他自己。（《药味集·记蔡子民先生的事》）他写过《乌篷船》《故乡的野菜》《北京的茶食》那些名文，充溢着对乡土对妇女儿童对文化古城的温暖的爱，他关于俄国盲诗人爱罗先珂的几篇文章，篇篇都寄寓着深沉的友情，这些都是二十世纪二十年代和三十年代读者所熟知的。这些例子这里可以不举了，这里要看看另外一些例子。

前面引过周作人从"结缘豆"的风俗谈到人生孤寂的那段话，那是非常绝望的，可是他又并未完全绝望，于是提出了"结缘豆"的文艺观。前面引文中已经说结缘豆的风俗里"很寄存着深重的情意呢"，于是他把文艺比作结缘豆道："盖写文章即是不甘寂寞，无论怎样写得难懂，意识里也总期待有第二人读，不过对于他没有过大的要求，即不必要他来做喽而已。煮豆微撒以盐而给人吃之，岂必要索厚偿，来生以百豆报我，但只愿有此微末情分，相见时好生看待，不至伥伥来去耳。古人往矣，身后名亦复何足道，唯留存二三佳作，使今人读之欣然有同感，斯已足矣，今人之所能留赠后人者亦止此，此均是豆也。几颗豆豆，吃过忘记未为不可，能略为记得，无论转化作何形状，都是好的，我想这恐怕是文艺的一点效力，他只是结点缘罢了。"（《瓜豆集·结缘豆》）这段话是无限的怅惘不甘，不甘于寂寞而又终于不能不甘于寂寞，十分殷切地盼望有什么解除寂寞的方法，结果有那么一点点办法，明知只是聊胜于无，然而也只好以此聊胜于无的东西来寄存深重的情意。周作人的感情方式的特色就是这样的。

他认为这样的感情才是最有力的。他谈到陆游时说，有关"钗头凤"故事那个沈园的遗址最令人惆怅，"因为有些事情或是悲苦或是壮烈,还不十分难过,唯独这种笑啼不敢之情,深微幽郁,好像有虫在心里蛀似的,最难为怀。数百年后,登石桥,坐石栏上,倚天灯柱,望沈园墙北临河的芦荻萧萧,犹为怅然。——是的,这里怅然二字用得正好,我们平常大约有点滥用,多没有那样的贴切了。"(《夜读抄·姑恶诗话》)

周作人回忆过他少年时代在杭州的初恋,用了最朴素最峇崮的笔墨,准确而生动地写出了少年人的几乎半意识状态的初恋心情,最后听到所爱的姑娘患霍乱死去的噩耗,用了这样一句话做了结束:"我那时也很觉得不快,想象她的悲惨的死相,但同时却又似乎很是安静,仿佛心里有一块大石头已经放下了。"(《雨天的书·初恋》)这放下的大石头,正好压到了读者的心上,有一种说不出的沉重之感。他在事隔多年之后还来写这篇回忆,这本身就说明了他其实并未放下。又过了六年,说到杭州,那是他初恋的地方,他又回忆道:"十四五岁曾经住过两个年头,虽然因了幼稚的心的感动,提起塔儿头与清波门都还感到一种亲近,本来很是嫌憎的杭州话也并不觉得怎么讨厌……我每想到杭州,常不免感到些忧郁。……我所不愿多想的杭州的我所不知道的事情,却很愿意听,有如听人家说失去的情人的行踪与近状,能够得到一种寂寞的悦乐。"(《永日集·燕知草跋》)可见他是多么念念不忘,压在平静之下的感情其实是长久的。

但是，周作人的唯理主义思想使他不喜欢感情之任何强烈的表示。他说："人的脸上固然不可没有表情，但我想只要淡淡也表示就好，譬如微微一笑，或者在眼光中露出一种感情，——自然，恋爱与死等等可以算是例外，无妨有较强烈的表示，但也似乎不必那样掀起鼻子，露出牙齿，仿佛是要咬人的样子。"（《看云集·金鱼》）论到诗文，他不大喜欢李白，他说："我个人不大喜欢豪放的诗文，对于太白少有亲近之感。"（《夜读抄·颜氏家训》）又说："关于李杜，不佞虽并不讴歌杜甫之每饭不忘，却不大喜欢李白，觉得他夸，虽然他的绝句我也是喜欢的。"（《苦竹杂记·醉馀随笔》）这些都是要以一个合理适度的标准来衡量感情，控制感情，我们可以把它叫作"以理节情"。

另一方面，周作人又是要"酌情准理"。他在二十一岁时写的日记里就说："天下事物，总不外一'情'字，作文亦然。不情之创论，虽有理可据，终觉煞风景。"〔甲辰（一九〇五年）十二月十八日日记〕这个见解他一直没有变。一九二二年他说："现在的人太喜欢凌空的生活，生活在美丽而空虚的理论里，正如以前在道学古文里一般，这是极可惜的。"（《谈龙集·地方与文艺》）一九四〇年他又说："我的理想只是那么平常而真实的人生，凡是热狂与虚华的，无论是善是恶，皆为我所不喜欢，又凡有主张议论，假如觉得自己不想去做，或是不预备讲给自己子女听的,也决不随便写出来公之于世,那么其结果自然只能是老老实实的自白,虽然如章实斋所说,自具枷杖供状,被人看去破绽,也实在是没有法子。"(《书房一角·原序》)这些都是要把是否近乎普通人情作为合理与否的标准。

六

周作人既是这样地一方面要以理节情,另方面要酌情准理,所以他提出了几乎一整套的"人情物理"论,这是他的文化论的核心。

周作人把讲不讲人情物理,看得极端的重要。他说:"我觉得中国有顶好的事情,便是讲情理,其极坏的地方便是不讲情理。随处皆是人情物理,只要人去细心体察,能知者即可渐进为贤人,不知者终为愚人,恶人。"(《苦竹杂记·情理》)他把"懂人情物理"作为最高的赞美。他说:"《礼记》云,饮食男女人之大欲存焉,死亡贫苦人之大恶存焉。《管子》云,仓廪实则知礼节,衣食足则知荣辱。这都是千古不变的名言,因为合情理。"(《苦竹杂记·情理》)他推崇汉之王充,明之李贽,清之俞正燮为"中国思想界不灭之三灯",理由就是他们"唯理而复有情"。(《药味集·记蔡子民先生的事》)他说:"大抵古人好处就只是切实,懂得人情物理,说出话来自然体会得宜。"(《书房一角·看书偶记·二七三千威仪》)他如果说谁"不讲情理","不懂人情物理",那是他骂人最厉害的话。例如,他说:"据我妄测,中国旧人爱读的东西大概不外三类,即香艳,道学,报应,是也。其实香艳也有好诗文,只怕俗与丑,道学也是一种思想,但忌伪与矫,唯报应则无可取。……无论什么,读了于人最有损的是不讲情理的东西,报应与道学以至香艳都不能免这个毛病。"(《秉烛后谈·老年的书》)这是他认为最丑恶的书。又如,他说:"大抵言文学者多喜载道主义,又不能虚心体察,以至物理人情都不了解,只会闭目诵经,张目骂贼,以为卫道,亦复可笑也。"(《夜读抄·画蛇闲话》)他又说:"平常中年以后的人大抵胡涂荒谬的多,正如兼好法师所说,过了这个年纪,便将忘记自己的老丑,想在人群中胡混,执着人生,私欲益深,人情物理都不复了解,'至可叹息'是也。"(《看云集·中年》)这是他认为最丑恶的人了。然而,如果中年以后能采取另一种生活法,"以后便可以应用经验与理性去观察人情物理,即使在市街战斗或示威运动的队伍里少了一个人,实在也有益无损,因为后起的青年自然会去补充"(《看云集·中年》),那么这样的中老年人又是有益于人群的人,——一转移之间仍是在于能不能懂得人情物理而已。

究竟什么是"人情物理"?据周作人说,就是普通的常识:"思想的和平公正有什么凭据呢?只是有常识罢了,说得更明白一点便是人情物理。"(《药堂杂文·读初潭集》)"盖常人者无特别希奇古怪的宗旨，只有普通的常识，即是向来所谓人情物理。"(《秉烛后谈·俞理初的诙谐》) 另一方面，他又指出，人情物理就是最高的真理："懂得人情物理的人说出话来，无论表面上是怎么陈旧或新奇，其内容是一样的实在，有如真金不怕火烧，颠扑不破。"(《药堂杂文·读初潭集》) 人情物理又是人人都不能不走着的人生大道："道不可见，只就日用饮食人情物理上看出来，这就是很平常的人的生活法，一点儿没有什么玄妙。……盖我原是反对高头讲章之道，若是当然的人生之路，谁都是走着，所谓何莫由此道也。"(《苦竹杂记·蒋子潇游艺录》)

那么什么是常识呢？周作人说："所谓常识乃只是根据现代科学证明的普通之常识，在初中的几种学科里原已略备，只须稍稍活用就是了。"(《苦竹杂记·常识》) 这中间特别重要的是生物学常识。周作人说："经典之可以作教训者，因其合于物理人情，即是由生物学通过之人生哲学，故可贵也。"(《苦口甘口·我的杂学》) 还要加上文化史常识："欲言文学须知人生，而人生亦原以动物生活为基本，故如不于生物学文化史的常识上建筑起人生观，则其意见易流于一偏。"(《夜读抄·画蛇闲话》)

怎样在生物学文化史的常识上建筑起人生观呢？首先是参考动物的生活来定人类健全生活的标准："万物之灵的

人的生活的基础依旧还是动物的,正如西儒所说过,要想成为健全的人必须先成为健全的动物,不幸人们数典忘祖,站直了之后增加了伶俐却损失了健全。……人类变为家畜之后,退化当然是免不掉的,不过夸大狂的人类反以为这是生物的标准生活,实在是太不成话了。要提醒他们的迷梦,最好还是吩咐他们去请教蚂蚁,不,不论任何昆虫鸟兽,均可得到智慧。读一本《昆虫记》,胜过一堆圣经贤传远矣,我之称赞生物学为最有益的青年必读书盖以此也。"(《夜读抄·蠕范》)"我们观察生物的生活,拿来与人生比勘,有几分与生物相同,是必要而健全的,有几分能够超出一点,有几分却是堕落到禽兽以下去了:这样的时常想想,实在是比讲道学还要切实的修身工夫,是有新的道德意义的事。"(《夜读抄·百廿虫吟》)这仿佛是以动物的健全生活为及格的分数,能够超出及格以上当然是人类高于动物的文明,但是也要警惕不及格的危险,并且要看到实际上就是有许多不及格的。其次,动物的生活还不仅是及格的标准,甚至连人类最高的文明,也可以从生物之道升华出来:"我们听法勃耳讲昆虫的本能之奇异,不禁感到惊奇,但亦由此可知焦理堂言生与生生之理,圣人不易,而人道最高的仁亦即从此出。再读汤木孙谈落叶的文章,每片树叶在将落之前,必先将所有糖分叶绿素等贵重成分退还给树身,落在地上又经蚯蚓运入土中,化成植物性壤土,以供后代之用,在这自然的经济里可以看出别的意义,这

便是树叶的忠荩,假如你要谈教训的话。"(《苦口甘口·我的杂学》)

所谓"焦理堂言生与生生之理",就是清人焦循在他的《易馀籥录》里说的一段话:"先君子尝曰,人生不过饮食男女,非饮食无以生,非男女无以生生。唯我欲生,人亦欲生,我欲生生,人亦欲生生,孟子好货好色之说尽之矣。不必屏去我之所生,我之所生生,但不可忘人之所生,人之所生生。循学易三十年,乃知先人此言,圣人不易。"周作人非常佩服这段话,曾经再三引录称赞。他说:"从浅处说这是根据于生物的求生本能,但因此其根本也就够深了,再从高处说,使物我各得其所,是圣人之用心,却也是匹夫匹妇所能着力,全然顺应物理人情,别无一点不自然的地方。我说健全的思想便是这个缘故。"(《药堂杂文·中国的思想问题》)这是周作人所谓在生物学文化史常识上建筑起来的人生观(或者说由生物学通过之人生哲学)之极致。

当然,说人情物理就是科学常识,只是一种简化了的说法,科学常识只能包括物理,不能包括人情,所以还需得加上感情的成分。周作人说:"道不可见,只就日用饮食人情物理上看出来,这就是很平常的人的生活法,一点儿没有什么玄妙。正如我在《杂拌儿之二》序上所说,以科学常识为本,加上明净的感情与清澈的理智,调和成一种人生观,'以此为志,言志固佳,以此为道,载道亦复何碍'。"(《苦竹杂记·蒋子潇游艺录》)可见科学常识只是一个基础,在这上面,理智与感情还要有一番"调和"功夫。

七

关于理智与感情怎样在科学常识的基础上进行调和,周作人论及之处甚多,概括起来有三个方面。

首先,是以感情来润泽理智。

人本来是不能无情的。佛家有"不三宿桑下"之说,怕在一棵桑树下连住了三宿,便不免对它有了眷恋之情,妨害学道。周作人说:"浮屠应当那样做,我们凡人是不可能亦并无须,但他们怕久生恩爱,这里边很有人情,凡不是修道的人当从反面应用,即宿于桑下便宜有爱恋是也。本来所谓恩爱并不一定要是怎么急迫的关系,实在也还是一点情分罢了。住世多苦辛,熟习了亦不无可留连处,水与石可,桑与梓亦可,即鸟兽亦可也,或薄今人则古人之言与行亦复可凭吊,此未必是竺旧,盖正是常情耳。语云,一树之荫亦是缘分。若三宿而起,掉头径去,此不但为俗语所讥,即在浮屠亦复不情,他们不欲生情以损道心,正因不能乃尔薄情也。"(《秉烛后谈·两篇小引·桑下谈序》)空桑三宿,在理智上说来,关系也是浅得很,如若掉头径去似乎也没有什么不合理的地方,可是人情总不能如此恝然，当此而润之以感情，便是将理智与感情调和得很好。而此义可以推广应用于更重要的问题，例如父子关系问题上。周作人说："鄙意父母养育子女实只是还自然之债。此意与英语中所有者不同，须引《笑林》疏通证明之。有人见友急忙奔走，问何事匆忙，答云，二十年前欠下一笔债，即日须偿。再问何债，曰，实是小女明日出嫁。此是笑话，却非戏语。男子生而愿为之有室，女子生而愿为之有家，即此意也。自然无言，生物的行为乃其代言也，人虽灵长亦自不能出此民法外耳。债务既了而情意长存，此在生物亦有之，而于人为特显著，斯其所以为灵长也欤。"（《瓜豆集·家之上下四旁》）父母长养子女谈不到什么"昊天罔极之恩"，只是偿还自然的债务，这是纯理智的说法，但债务已了而情意长存，周作人主张子女对于父母应以最老的老朋友相处，相见怡怡，不至于疾言厉色，这又是在理智之上加以感情的润泽。还有些情况之下，理智如不润泽以人情，这理智本身就成为不适合的。周作人称赞蔼理斯晚年写的《性的心理》一书："他的根据自然的科学的看法还是仍旧，但是参透了人情物理，知识变成了智慧，成就一种明净的观照。"（《夜读抄·〈性的心理〉》）周作人举蔼理斯对于性亲昵的一种行为的意见为例，别的有些学者对此种行为多有微词，或者认为不美，蔼理斯则认为只要不以此为终极目的，也不能算是反自然的。蔼理斯驳那些微词和鄙弃之见道："他们不知道在两性关系上，那些科学或美学的冰冷的抽象的看法是全不适合的,假如没有调和以人情。"①

其次,是以智慧去理解人情。

周作人认为,即使是愚夫愚妇的迷信陋习,往往其中深含着人生的情意,我们都应该去理解,它们尽管是荒唐谬误的,我们的理解却不应该止于认出其荒唐谬误而已,而应该去体会它里面的种种喜怒哀乐愿恶悲欢。周作人十分赞赏地抄译了日本永井荷风的这样一段话:"天真烂漫的而又那么鄙陋的此等愚民的习惯,正如看那社庙的滑稽戏和丑男子舞,以及猜谜似的那还愿的匾额上的拙稚的绘画,常常无限地使我的心感到慰安。这并不单是说好玩。在那道理上议论上都无可说的荒唐可笑的地方,细细地想时都正感着一种悲哀似的莫名其妙的心情也。"(《苦竹杂记·岭南杂事诗抄》中抄译)周作人自己一方面提倡科学,反对迷信,一方面却又对一些迷信习俗例如祭祀烧纸钱之类表示理解,他说:"刘青园在《常谈》中有云:'信祭祀祖先为报本追远,不信冥中必待人间财物为用。'这是明达的常识,是个人言行的极好指针,唯对于世间却可以再客观一点,为进一解曰,不信冥中必待人间财物为用,但于此可

---

① 这是周作人的译文,见《夜读抄·〈性的心理〉》。潘光旦译《性心理学》第七章第二节的译文是:"他们应当了解,在恋爱的神秘的领域里,特别是到达了床笫之私的亲昵的境界以后,一切科学与美学的冷静的抽象的观点,除非同时有其他特殊的人文的情绪在旁活动,是照例不再有地位的,有了也是不配称的。"

见人情,所谓慈亲孝子之用心也。自然也有恐怖,特别是对于孤魂厉鬼,此又是'分别予以安置,俾免闲散生事'之意乎。"(《苦竹杂记·说鬼》)周作人喜欢谈鬼,他有解释道:"我不信鬼,而喜欢知道鬼的事情,此是一大矛盾也。虽然,我不信人死为鬼,却相信鬼后有人,我不懂什么是二气之良能,但鬼为生人喜惧愿望之投影则当不谬也。陶公千古旷达人,其《归田园居》云,'人生似幻化,终当归空无',《神释》云,'应尽便须尽,无复更多虑',在《拟挽歌词》中则云,'欲语口无音,欲视目无光,昔在高堂寝,今宿荒草乡。'陶公于生死岂尚有迷恋,其如此说于文词上固亦大有情致,但以生前的感觉推想死后况味,正亦人情之常,出于自然者也。常人更执着于生存,对于自己及所亲之翳然而灭,不能信亦不愿信其灭也,故种种设想,以为必继续存在,其存在之状况则因人民地方以至各自的好恶而稍稍殊异,无所作为而自然流露,我们听人说鬼实即等于听其谈心矣。盖有鬼论者忧患的人生之鸦片烟,人对于最大的悲哀与恐怖之无可奈何的慰藉,'风流士女可以续未了之缘,壮烈英雄则曰二十年后又是一条好汉'。相信唯物论的便有祸了,如精神倔强的人麻醉药不灵,只好醒着割肉。关公刮骨固属英武,然实亦冤苦,非凡人所能堪受,则其乞救于吗啡者多,无足怪也。"(《夜读抄·鬼的生长》)。这是一唱三叹文情并茂的好文章,用明净的观照去同情最荒谬的信仰里最普遍的人情,不合于物理的却正是符合于人情,并且还是"平常不易知道的人情"(《苦竹杂记·说鬼》),这是一个很典型的例子。与此近似的另一个例子是人对于活埋的感情。周作人这样分析道:"本来死总不是好事,而大家对于活埋却更有凶惨之感,这是为什么呢?本来死无不是由活以至不活,活的投入水中与活的埋入土内论理原是一样,都因在缺乏空气的地方而窒息,以云苦乐殆未易分,然而人终觉得活埋更凶惨,此本只是感情作用,却亦正是人情之自然也。又活埋由于以土塞口鼻而死,顺埋倒埋并无分别,但人又特别觉得倒埋更为凶惨者,亦同样地由于人情也。"(《苦竹杂记·关于活埋》)这种人情倒不是不合理,可是也不能说合理,平常只能说不可以理求之,然而这里面同样有值得同情之处。前面说过,周作人把文化分为菁华文化与民俗文化,深深慨叹两者之差别和隔绝;这里我们又可以看到,如果通达人情物理,以智慧去理解人情,则两者可以沟通,菁华文化可以把民俗文化变为自己的一种营养。

最后,是即于人情之中求最高的真理。

周作人在这方面很佩服清代思想家戴震的意见。戴震《孟子字义疏证》卷下论"权"末一条有云:"天下必无舍生养之道而保存者,凡事为皆出于欲,无欲则无为矣,有欲而后有为,有为而归于当而不可易之谓理,无欲无为,又焉有理。"又云:"古之言理也,就人之情欲求之,使之无疵之为理,今之言理也,离人之情欲求之,使之忍而不顾之为理，此理欲之辨适以穷天下之人，尽转移为欺伪之人，为祸何胜言哉。"戴震这些话是针对道学家的。道学家讲究"理欲之辨"，认为人的情欲产生恶，去一分人欲，方可存一分天理。古今中外各种各样的禁欲主义者，反人文主义者，都是类似的论调。可怕之处在于不仅把这种理论用于个人的修身，而且用之于国家政治。戴震说："今既截然分理欲为二，治己以不出于欲为理，治人亦必以不出于欲为理，举凡民之饥寒愁怨饮食男女常情隐曲之感，咸视为人欲之甚轻者矣。轻其所轻，乃吾重天理也，公义也。言虽美而用之治人则祸其人，至于下以欺伪应乎上，则曰人之不善，胡弗思圣人体民之情，遂民之欲，不待告以天理公义，而人易免于罪戾者之道也。"周作人详细引了这些话之后，说："戴君的意见完全是儒家思想，本极平实，只因近千年来为道学家所歪曲，以致本于人情物理而归于至当的人生的路终乃变而为高头讲章之道，影响所及，道德政治均受其祸，学术艺文自更无论矣，得戴君出而发其覆，其功德殊不少也。"（《知堂乙酉文编·古文与理学》）可见他所讲的人情物理的最高境界，就是对于千万普通人的饥寒愁怨饮食男女常情隐曲之感，求得如何体民之情遂民之欲的至当不可易之理。前面说过，他既把人情物理解释作普通常识，而又把它解释作最高真理，后者正是物理与人情高度调和的结果。

综观以上所述物理与人情的种种调和，可以看出，这些都是要解决十八世纪的理性如何统驭二十世纪的现实，因为种种调和的结果，都是使荒诞无理的变为可以理解，使冷酷的变得温和，使尖利的变得柔软，把支离破碎的黏合起来。

八

周作人处处讲究理智与感情的调和，物理与人情的调和，所以他讲生活之艺术，要"造成旋律的人生，决不以一直线的进行为贵"（《雨天的书·读纺轮的故事》）；他讲人生观，很欣赏蔼理斯所说的"厌世与乐天之一种微妙的均衡"（《药堂杂文·宣传》）；他很欣赏范缜《神灭论》一方面主张形谢则神灭，另方面又赞成宗庙鬼神之事，"据物理是神灭，顺人情又可以祭如在，这种明朗的不彻底态度很有意思"（《过去的工作·凡人的信仰》）。所有这些旋律、均衡、不彻底等等，可以概括为一个范畴：中庸。周作人自己说过："（儒家）其特色平常称之曰中庸，实在也可说就是不彻底，而不彻底却也不失为一种人生观。"（《药堂杂文·汉文学的前途》）于是，中庸，就成为周作人的文化心态与文化理论的方法论的特色。

周作人之所谓中庸，起初似乎并非国货。一九二四年，他说："中国现在所切要的是一种新的自由与新的节制，去建造中国的新文明，也就是复兴千年前的旧文明，也就是与西方文化的基础之希腊文明相合一了。这些话或者说的太大太高了，但据我想舍此中国别无得救之道，宋以来的道学家的禁欲主义总是无用的了，因为这只足以助成纵欲而不能收调节之功。其实这生活的艺术在有礼节重中庸的中国本来不是什么新奇的事物，如《中庸》的起头说，'天命之谓性，率性之谓道，修道之谓教'，照我的解说即是很明白的这种主张。不过后代的人都只拿去讲章旨节旨，没有人实行罢了。我不是说半部《中庸》可以济世，但以表示中国可以了解这个思想。"（《雨天的书·生活之艺术》）可见原来是将希腊文明的自由与节制引进来的，只是考虑到它可能嫁接到中国固有的中庸思想的枝上罢了。一九二六年他说他是把"Sophrosune"译为"中庸"。（《谈龙集·上海气》）一九二七年他又说："我常同朋友们笑说，我自己是一个中庸主义者，虽然我所根据的不是孔子三世孙所做的那一部书。"（《谈虎集下卷·后记》）又一次划清了同儒家的中庸主义的界限。

但是，周作人逐渐向儒家认同了。一九四〇年他说到他对儒家态度的自我矛盾："老实说，我平常是颇喜儒家，却又同时很不喜欢儒家的。从前与老朋友谈天，讲到古来哲人诸子，总多恕周秦而非汉，或又恕汉而非宋，非敢开倒车而复古也，不知怎的总看出些儒家的矛盾，以为这大概是被后人弄坏的，世间常说孔孟是纯净的儒家，一误于汉而增加荒诞分子，再误于宋而转益严酷，我们也便是这样看法,虽然事实上并不很对,因为在孔孟书中那些矛盾也并不是没有……即是饥寒由己,民以奉君这两样不同的观念,换句话说,亦即是儒者自居的地位不同,前后有主奴之别也。"(《药堂杂文·道德漫谈》)一九四四年他便承认自己是儒家:"笼统的说一句,我自己承认是属于儒家思想的,不过这儒家的名称是我所自定,内容的解说恐怕与一般的意见很有些不同的地方。我想中国人的思想是重在适当的做人,在儒家讲仁与中庸正与之相同,用这名称似无不合,其实这正因为孔子是中国人,所以如此,并不是孔子设教传道,中国人乃始变为儒教徒也,儒家最重的是仁,但是智与勇二者也很重要,特别是在后世儒生成为道士化,禅和子化,差役化,思想混乱的时候,须要智以辨别,勇以决断,才能截断众流,站立得住。这一种人在中国却不易找到,因为这与君师的正统思想往往不合,立于很不利的地位,虽然对于国家与民族的前途有极大的价值。"(《苦口甘口·我的杂学》)尽管加了"笼统的说一句"这种限制语,又声明自己对儒家有特别解释,与众不同,总之还是片面地把儒家理想化,避开了先前说的孔孟书中就存在的矛盾,仍然一切诿过于后世的道士化和尚化差役化了的儒生。这里的意思是,中国人本来如何如何,而孔子学说恰是如何如何的代表,你是中国人你就逃不出这个范围,推崇儒家可谓至极。终于,他就说出了这样断然的话:"鄙人自己估计所写的文章大半是讲道德的,虽然平常极不喜欢道学家,而思想的倾向乃终无法变更,即欲不承认为儒家而不可得,有如皮黄发黑,决不能自夸为白种,良不得已也。所可喜者,这里所讲的道德乃是儒家的正统,本于物理人情,其正确超出道学家群之上,要照旧话来说,于世道人心不是没有关系的事。"(《立春以前·文坛之外》)他就这样把他的"物理人情"论完全等同于正统儒家,他自居为正统儒家。

周作人这样做,自有其文化心态上的原因。他大概是觉得,在具有深厚文化传统的中国,要想扎根下去,如果完全保持希腊文明的原来形状,会发生许多扦格,所以非穿戴儒衣儒冠不可。但是,孔孟之道他讲来讲去只是一个"知之为知之,不知为不知",一个"食色性也",一个"饮食男女,人之大欲存焉",大约就这么几条,而孔孟以下两千年的情形更惨了。周作人说:"上下古今自汉至于清代,我找到了三个人,这便是王充,李贽,俞正燮,是也。王仲任的疾虚妄的精神,最显著的表现在论衡上,其实别的两人也是一样,李卓吾在焚书与初潭集,俞理初在癸巳类稿存稿上所表示的正是同一的精神。他们未尝不知道多说真话的危险,只因通达物理人情,对于世间许多事情的错误不实看得太清楚,忍不住要说,结果是不讨好,却也不在乎,这种爱真理的态度是最可宝贵,学术思想的前进就靠这力量,只可惜在中国历史上不大多见耳。我尝称他们为中国思想界之三盏灯火,虽然很是辽远微弱,在后人却是贵重的引路的标识。太史公曰,高山仰止,景行行止,虽不能至,然心向往之。对于这几位先贤我也正是如此,学是学不到,但疾虚妄,重情理,总作为我们的理想,随时注意,不敢不勉。"(《苦口甘口·我的杂学》第四节)周作人以中国思想界的第四盏灯火自命之意,溢于言表。即使如他所自命,孔孟以后两千年间只有这么四位真儒,这样的儒家也太寂寞了。我们记得前面说过的周作人的智者的孤寂之感,认为人世大沙漠上本来就只有远远近近几个贤哲同行,彼此望见,聊相慰安,现在虽然换一个说法说是儒家思想为中国思想的正宗,似乎有一个学派贯通古今,热闹一些,但一个学派只有寥寥三四人,仍无改于根深蒂固的寂寞。

九

周作人的文化心态的矛盾,是中国的现实的矛盾的反映。中国直到十九世纪中叶才被迫面对着结束中世纪历史的任务,比起欧洲已经落后了一大截,不幸而到二十世纪,这个任务还没有完成。为了完成这个历史任务,跳不过启蒙的阶段,可是现实毕竟已经不是十八世纪的,而是二十世纪的了。这就是十八世纪的头脑和二十世纪的感觉兼具一身这种文化心态之所以会出现的原因。上文所述周作人的诸种现代人感觉,又有一个特色,就是非常明显的历史色彩。他说："积多年的思索经验，从学理说来人的前途颇有光明，而从史实看来中国的前途还是黑暗未了。"(《过去的工作·凡人的信仰》) 难道同他的十八世纪的"学理"的乐观相矛盾的，不是二十世纪的中国的现实，倒是已经过去的黑暗的"史实"？其实当然不是这样。所谓"史实"其实还是现实。正如周作人在另一处说得更准确的："天下最残酷的学问是历史。他能揭去我们眼上的鳞，虽然也使我们希望千百年后的将来会有进步，但同时将千百年前的黑影投在现在上面，使人对于死鬼之力不住地感到威吓。我读了中国历史，对于中国民族和我自己失了九成以上的信仰与希望。'僵尸，僵尸！'我完全同感于阿尔文夫人的话。世上如没有还魂夺舍的事，我想投胎总是真的，假如有人要演崇弘时代的戏，不必请戏子去扮，许多角色都可以从社会里去请来，叫他们自己演。我恐怕也是明末什么社里的一个人，不过有这一点，自己知道有鬼附在身上，自己谨慎了，像癞病患者一样摇着铃铛叫人避开，比起那吃人不餍的老同类来或者是较好一点了吧。"(《永日集·历史》) 这说得很沉重，原来他的现代人的诸种感觉，还是来自现代，不过这是"投射着千百年的黑影的现在"罢了。落后而又有悠久文化传统的地方，才会有这种"投射着千百年的黑影的现在"。先进的地方的二十世纪的荒诞，纯然是现代的。落后而又毫无高级文化传统的地方，往往与世隔绝，恐怕还谈不到二十世纪的荒诞。唯有落后而又有悠久文化传统的地方，闭关自守的大门又已打开，其最大的二十世纪的荒诞，就表现为死鬼之力支配活人，活人身上附有死鬼，千百年前的黑影还投射在现在上面。卡夫卡感到自己变形成为一个大甲虫，而周作人却感到自己就是明末什么社里的一个人，这就是欧洲的敏锐的现代人的荒诞感，与中国的敏锐的现代人的荒诞感不相同之处。

历史的黑影不仅投在周作人的现代人的感觉上面，而且，同样投在他的十八世纪的头脑上面。这就是说，周作人的启蒙主义的思想，缺少欧洲十八世纪的热和动，而多了不少"老态"。他自己明白说过："我也知道偏爱儒家中庸是由于癖好，这里又缺少一点热与动，也承认是美中不足。"（《苦口甘口·我的杂学》第二十节）他又说："唯理思想有时候不为世间所珍重，唯在渐近老年的人自引起共感，若少年血气方盛，不见赞同，固亦无妨也。"（《立春以前·明治文学之追忆》）这种老年式的唯理思想，周作人曾经三番五次抄译他最心爱的蔼理斯的两段话来为自己代言："有些人将以我的意见为太保守，有些人以为太偏激。世上总常有人热心的想攀住过去，也常有人热心的想攫得他们所想象的未来。但是明智的人，站在二者之间，能同情于他们，却知道我们是永远在于过渡时代。在无论何时，现在只是一个交点，为过去与未来相遇之处，我们对于二者都不能有什么争斗。不能有世界而无传统，亦不能有生命而无活动，正如赫拉克来多思（Herakleitos）在现代哲学的初期所说，我们不能在同一川流中入浴二次，虽然如我们在今日所知，川流仍是不断的回流。没有一刻无新的晨光在地上，也没有一刻不见日没。最好是闲静的招呼那熹微的晨光，不必忙乱的奔向前去，也不要对于落日忘记感谢那曾为晨光之垂死的光明。

"在道德的世界上，我们自己是那光明使者，那宇宙的顺程即实现在我们身上。在一个短时间内，如我们愿意，我们可以用了光明去照我们路程的周围的黑暗。正如在古代火把竞走——这在路克勒丢思（Lucrejus）看来似是一切生活的象征——里一样，我们手里持炬，沿着道路奔向前去。不久就要有人从后面来，追上我们。我们所有的技巧，便在怎样的将那光明固定的炬火递在他的手内，我们自己就隐没到黑暗里去。"（《雨天的书·蔼理斯的话》抄译蔼理斯《性的心理研究》第六卷的跋文，此为初次引用，以后还有几次，不一一注出。）

周作人的这种"老态"，也是难怪的。他的头脑是十八世纪的，到二十世纪它已经有两百岁了。两百年前它审判中世纪的荒谬，它有力量主持严峻的法庭，一切中世纪传下来的东西，都得在它面前陈诉存在的理由，由它来判决。可是现在，两百岁的老人，面对的是二十世纪的荒诞，追寻起家谱来，往往正是老人自己的不肖儿孙，老人再也没有力量主持严峻的审判了，它只能以一双老眼来观看。周作人曾经以欣赏的态度译引过英国哈理孙女士的一段话：

"老年是，请你相信我，一件好而愉快的事情。这是真的，你被轻轻地挤下了戏台，但那时你却可以在前排得到了一个很好的座位去做看客，而且假如你已经好好地演过了你的戏，那么你也就很愿意坐下来看看了。一切生活都变成没有以前那么紧张，却更柔软更温暖了。……你仍旧爱着，不过你的爱不是那烧得鲜红的火炉似的，却是一个秋天的太阳的柔美的光辉。"（《夜读抄·希腊神话一》中译引）这很像周作人的自我写照。他的十八世纪的头脑，在二十世纪只能有一个看客的座位，尽管所看到的是二十世纪的荒唐剧，但比起剧中人来，毕竟觉得柔和多了，所以才能有明净的观照、温润的人情物理之类。

不妨同鲁迅比较一下。鲁迅也有极敏锐的现代人的感觉。周作人说过："豫才从小喜欢'杂览'，读野史最多，受影响亦最大，——譬如读过《曲洧旧闻》里的'因子巷'一则，谁会再忘记，会不与《一个小人物的忏悔》所记的事情同样的留下很深的印象呢？在书本里得来的知识上面，又加上亲自从社会里得来的经验，结果便造成一种只有苦痛与黑暗的人生观，任他无条件（除艺术的感觉外）的发现出来，就是那些作品。从这一点说来，《阿Q正传》正是他的代表作，但其被普罗批评家所（曾）痛骂也正是应该的。这是寄悲愤绝望于幽默，在从前那篇小文里我曾说用的是显克微支夏目漱石的手法，著者当时看了我的草稿也加以承认的，正如《炭画》一般里面没有一点光与空气，到处是愚与恶，而愚与恶又复厉害到可笑的程度。有些牧歌式的小话都非佳作，《药》里稍微露出一点的情热，这是对于死者的，而死者又已是做了'药'了，此外就再也没有东西可以寄托希望与感情。不被礼教吃了肉去就难免被做成'药渣'，这是鲁迅对于世间的恐怖，在作品上常表现出来，事实上也是如此。"（《瓜豆集·关于鲁迅》）这里说鲁迅觉得世间只有苦痛和黑暗，没有一点光与空气，到处是愚与恶，又复厉害到了可笑程度，自己时时有被吃掉或者被做成"药渣"的恐怖，而这一切是从亲身的经验加丰富的历史知识而来，这些都说得很对，也说明鲁迅的现代人感觉与周作人大致相同。（只有"有些牧歌式的小话都非佳作"云云，语焉不详，不知所指。）鲁迅自己明确地承认了这一点，他在《呐喊·自序》里沉痛地宣告了他的"置身毫无边际的荒原"的寂寞，这寂寞像一条大毒蛇缠住了他的灵魂。他在《两地书》里一再说"我的思想太黑暗"，"我的作品，太黑暗了，因为我觉得惟'黑暗与虚无'乃是实有"。可见鲁迅的现代人感觉，与周作人的感觉很是相同。虽然鲁迅一再说"自己终不能确知是否正确"，"我终于不能证实惟黑暗与虚无乃是实有"。周作人同样也说过：希腊神话里班陀拉的盒子里的"希望既然不曾飞出来，那么在人间明明没有此物，传述这故事的人不但是所谓憎女家，亦由此可知是一个悲观论者，大概这二者是相连的亦未可知。但是仔细想来，悲观也只是论而已，假如真是悲观，这论亦何必有，他更无论矣。……可知希望总还是有的，因为愚夫的想头也就本来是希望也"。(《立春以前·十堂笔谈·梦》)悲观而至于成了论，这本身就并不是真的悲观，至少有一部分悲观论者其实往往正是在找寻希望。所以，周作人再三歌颂中国几千年里思想界还是有三盏明灯，并且肯定有出现第四盏的可能，隐然自命，那也就不是唯黑暗与虚无为实有了。鲁迅不同于周作人的特色是在于他对待"身中的迟暮"的态度，他在《野草·希望》里表明了：先是，"要寻求那逝去的悲凉漂渺的青春，但不妨在我的身外。因为身外的青春倘一消灭，我身中的迟暮也即凋零了。"而终于是，"我只得由我来肉薄这空虚中的暗夜了，纵使寻不到身外的青春，也总得自己来一掷身中的迟暮。"这要由自己来一掷身中的迟暮，就是鲁迅的特色。这不是看客的态度，而是身为荒诞剧中的一个积极的角色的态度，《野草》里的那篇《希望》(以及其他许多篇)正是可以改写为一幕荒诞短剧。鲁迅的头脑不是十八世纪的，他青年时代不像周作人那样爱好希腊，他爱好的是尼采，是恶魔派诗人，后来他着重介绍的是安得列夫，迦尔洵，陀思妥耶夫斯基，这些恰好都是现代主义的先驱和代表，可见鲁迅的头脑正是二十世纪或接近二十世纪的。鲁迅的文化心态也充满矛盾，但正是时代的矛盾，而不是过去的头脑与现代的感觉的矛盾。这里我们不是来论断鲁迅和周作人的不同道路，只是引鲁迅做对比，可以更清楚地看见周作人的文化心态。

中国新文化运动是在"民主与科学"的旗帜下进行的。这个旗帜意味着要以先进的理想来改造落后的中国,这是许多人都懂得的。但是,我们还要懂得事情的另一面,即落后的中国并非与世界隔绝的,它毕竟已经是二十世纪的世界的一部分,在这个意义上,新文化运动未尝不可以说是"旧文化运动",是要用十八世纪的理性来规范二十世纪的中国的现实。也正是在这个意义上,新文化运动的第一批代表人物,可以说大都是十八世纪的头脑。只有鲁迅,他的文化思想一开始就是现代的或接近现代的,同他的敏锐的现代人感觉,没有什么矛盾。陈独秀后来则是从政治上矫正了自己的时代错位。胡适在现代人感觉方面,似乎很不敏锐。而周作人的头脑和感觉的时代反差最为强烈,他对自己文化心态的矛盾最为自觉,于是他最典型地显现为一个"生错了时代的人"。唯其如此,他才能凝视荒诞的现实,坚持理性的观照,明知这只能是寂寞的,故能甘于寂寞,不像那些热衷者碰了些钉子之后便抛却理想,也不像那些缺乏时代感者永远封闭在十八世纪的理想之内。抗战以前周作人在相当一部分知识分子心目中的崇高声望,正是建筑在这上面。他这种明净的观照,当然完全缺乏行动性,在血和火的时代,不可能成为大众的引路人,并且会使自己在血和火的旋涡中缺乏掌握自己命运的力量,他自己的例子就是明证。但是,如果通观历史的全程,血和火的时代过去以后,人们的意识形态总是"过去完成式"的,人们面对的现实总是"现在进行式"的,这个矛盾大概还是长期的。现实永远不能没有行动,也永远不能没有理性,二者之间矛盾越是尖锐的时候,就越是需要能够自觉矛盾的独立的批判的文化力量。那么,研究周作人的文化心态,大概还是有意义的吧。

两个鬼的文章
——周作人的散文艺术

一

周作人是中国新文学史上最大的散文家,这是鲁迅的评价。① 鲁迅做出这个评价,是在向国际友人介绍中国新文学的情况的时候,是郑重的;当时他同周作人决裂已久,而且正在和周作人、林语堂一派的文学主张进行激烈的论争,但是他丝毫不抹杀对手的成就,这种态度是大公无私的,是唯物主义的。

---

① 1936 年 5 月,鲁迅答美国记者埃德加·斯诺之问,关于"中国新文学运动以来最优秀的杂文作家是谁"的问题,鲁迅举出的名单是:周作人、林语堂、周树人(鲁迅)、陈独秀、梁启超。见斯诺整理、安危译《鲁迅同斯诺谈话整理稿》,载《新文学史料》1987 年第 3 期)此所谓杂文是最广义的,包括目下流行的狭义的杂文和狭义的散文两类。鲁迅把他自己列在第三位,当然是自谦。参看路元《鲁迅同斯诺谈了些什么——访鲁迅与斯诺谈话录的发现者安危》(载《中国记者》1987 年第 1 期),那里面即译作"最好的散文杂文作家",名单是"周作人、林语堂、陈独秀、梁启超",没有鲁迅自己,不知何故。

我们学习鲁迅,也要学习他这种态度。我们认真地来研究周作人散文艺术的遗产,可以相信是符合鲁迅的愿望的。

但是,我们很可能首先同周作人自己发生矛盾。因为,我们读了周作人的散文,会觉得它的艺术特色是和平冲淡,而周作人自己恰好不同意这个看法。早在一九二五年,他就说过:"我近来作文极慕平淡自然的境地,但是看古代或外国文学才有此种作品,自己还梦想不到有能做的一天,因为这有气质境地与年龄的关系,不可勉强。像我这样褊急的脾气的人,生在中国这个时代,实在难望能够从容镇静地做出和平冲淡的文章来。"(《雨天的书·自序二》)过了十年,到了一九三六年,他更以总结的口气详细说明道:"有人好意地说我的文章写得平淡,我听了很觉得喜欢,但也很惶恐。平淡,这是我所最缺少的,虽然也原是我的理想,而事实上绝没有能够做到一分毫,盖凡理想本来即其所最缺少而不能做到者也。现在写文章自然不能再讲什么义法格调,思想实在是很重要的,思想要充实已难,要表现得好更大难了,我所有的只有焦躁,这说得好听一点是积极,但其不能写成好文章来反正总是一样。……孔子曰,鸟兽不可与同群,吾非斯人之徒而谁与。中国是我的本国,是我歌于斯哭于斯的地方,可是眼见得那么不成样子,大事且莫谈,只一出去就看见女人的扎缚的小脚,又如此刻在写字耳边就满是后面人家所收广播的怪声的报告与旧戏,真不禁令人怒从心上起也。在这种情形里平淡的文章那里会出来，手底下永远是没有，只在心目中尚存在耳，所以我的说平淡乃是跛者之不忘履也，诸公同情遂以为真是能履，跛者固不敢承受，诸公殆亦难免有失眼之讥矣。"（《瓜豆集·自己的文章》）又云："又或有人改换名目称之曰闲适，意思是表示不赞成，其实在这里也是说得不对的。热心社会改革的朋友痛恨闲适，以为这是布耳乔亚的快乐，差不多就是饱暖懒惰而已。然而不然。闲适是一种很难得的态度，不问苦乐贫富都可以如此，可是又并不是容易学得会的。"（《瓜豆集·自己的文章》）以下分闲适为小大两种，小闲适如流连光景之类，大闲适则在严重的生死关头仍能保持婉而趣的态度，尤为难能可贵。"总之闲适不是一件容易学的事情，不佞安得混冒，自己查看文章，即流连光景且不易得，文章底下的焦躁总要露出头来，然则闲适亦只是我的一理想而已，而理想之不能做到如上文所说又是当然的事也。"（《瓜豆集·自己的文章》）他断然做结论道："看自己的文章，假如这里边有一点好处，我想只可以说在于未能平淡闲适处，即其文字多是道德的。……至于文章自己承认未能写得好，朋友们称之曰平淡或闲适而赐以称许或嘲骂，原是随意，但都不很对，盖不佞以为自己的文章好处或不好处全不在此也。"（《瓜豆集·自己的文章》）

周作人有时又宣称：平淡，闲适，他已经做到了，但只是一件外衣而已。一九四四年他写道:"鄙人执笔为文已阅四十年,文章尚无成就,思想则可云已定。大致由草木虫鱼,窥知人类之事,未敢云嘉孺子而哀妇人,亦尝用心于此,结果但有畏天悯人,虑非世俗之所乐闻,故披中庸之衣,着平淡之裳,时作游行,此亦鄙人之消遣法也。本书中诸文颇多闲适题目,能达到此目的,虽亦不免有芒角者,究不甚多。"(《立春以前·几篇题跋·秉烛后谈序》)

一九四五年,周作人又把平生的文章分作两大类:"我的确写了些闲适文章,但同时也写正经文章,而这正经文章里面更多的含有我的思想和意见,在自己更觉得有意义。……我写闲适文章,确是吃茶喝酒似的,正经文章则仿佛是馒头或大米饭。……至于闲适的小品我未尝不写,却不是我主要的工作,如上文说过,只是为消遣或调剂之用,偶尔涉笔而已。……那种平淡而有情的小品文我是向来仰慕,至今爱读,也是极想仿做的,可是如上文所述实力不够,一直未能写出一篇满意的东西来。以此与正经文章相比,那些文章也是同样写不好,但是原来不以文章为重,多少总已说得出我的思想来了,在我自己可以聊自满足的了。"(《过去的工作·两个鬼的文章》)

二十年间,说法屡变,其实说的也都是事实。综观周作人平生文章,可分正经的与闲适的两大类,这是事实;主要的是正经文章,其次是闲适文章,这是事实;两类文章的审美追求的目标都是和平冲淡，这是事实；闲适文章更多地体现他的审美追求，正经文章更多地表现他的思想，这是事实；不少闲适文章里面也寄寓着正经的思想，并非一味闲适，这是事实；不少正经文章，内容严重尖锐，而文章风格仍力求和平冲淡，也是事实。总之，他自己的表白都是可信的，我们不应该轻易怀疑否定。他和大家的不一致之处，不过是大家看到他已经达到的和平冲淡，他自己却着眼于他尚未达到的更高更理想的和平冲淡。此外，他也是对于二三十年代相当流行的一种对他的评论很不满，那种评论是把他在艺术上对和平冲淡的追求和他在政治上的脱离现实斗争直接联系起来，又把艺术上的和平冲淡同内容上的正经严肃对立起来，他认为都是误解，所以那么再三再四地申辩。

今天，误解不该有了，读者的印象和作家的自评应该得到统一了。我们分析周作人这个中国新文学史上最大的散文家的艺术成就，可以从和平冲淡这个特色入手，深入到不和平不冲淡之处，更深入到和平冲淡与不和平冲淡二者终于统一之处。

二

周作人散文的平淡，首先是感情上的淡化。关于初恋的回忆，通常总是浓的，描写初恋的姑娘总是美的，周作人回忆他的初恋却要说"自己的情绪大约只是淡淡的一种恋慕",他回忆初恋的姑娘时却要说"仿佛是一个尖面庞,乌眼睛,瘦小的身材,而且有尖小的脚的少女,并没有什么殊胜的地方",结尾说到突然意外地听到那个姑娘死于霍乱的噩耗:

> 我那时也觉得不快,想象他的悲惨的死相,但同时却又似乎很是安静,仿佛心里有一块大石头已经放下了。(《雨天的书·初恋》)

《故乡的野菜》(收入《雨天的书》)是他早期的一篇名文,全文充满了对故乡怀念的深情,开头一段却极力申说对故乡并无特别的情分:

> 我的故乡不止一个,凡我住过的地方都是故乡。故乡对于我并没有什么特别的情分,只因钓于斯游于斯的关系,朝夕会面,遂成相识,正如乡村里的邻舍一样,虽然不是亲属,别后有时也要想念到他。我在浙东住过十几年,南京东京都住过六年,这都是我的故乡;现在住在北京,于是北京就成了我的家乡了。

《唁辞》(收入《雨天的书》)也是他早期的一篇名文,所吊唁的是一个普普通通的十九岁的女学生,与作者并无深切的关系,只是作者的儿女们的同学,作者的儿女们平日很受她的大姊一般的照管而已。文中有云:

> 我们哀悼死者,并不一定是在体察他灭亡之苦痛与悲哀,实在多是引动追怀,痛切地发生今昔存殁之感。无论怎样地相信神灭,或是厌世,这种感伤终不易摆脱。

又有云:

> 齐女士在世十九年,在家庭学校,亲族友朋之间,当然留下许多不可磨灭的印象,随在足以引起悲哀,我们体念这些人的心情,实在不胜同情,虽然别无劝慰的话可说。

这是平凡人的淡淡的同情。更进一步又有云:

> 我不知人有没有灵魂,而且恐怕以后也永不会知道,但我对于希冀死后生活之心情觉得很能了解。……这于死者的家人亲友是怎样好的一种慰藉,倘若他们相信——只要能够相信,百岁之后,或者乃至梦中夜里,仍得与已死的亲爱者相聚,相见,然而,可

惜我们不相应地受到了科学的灌洗,既失却先人的可祝福的愚蒙,又没有养成画廊派哲人(Stocics)的超绝的坚忍,其结果是恰如牙根里露出的神经,因了冷风热气随时益增其痛楚。对于幻灭的现代人之遭逢不幸,我们于此更不得不特别表示同情之意。

这是智者对于平凡的人间的淡而深的悲悯了。周作人在文章里如此极力淡化感情,是根于他整个的人生审美标准。他说过:"人的脸上固然不可没有表情,但我想只要淡淡地表示就好,譬如微微一笑,或者在眼光中露出一种感情,——自然,恋爱与死等可以算是例外,无妨有较强烈的表示,但也似乎不必那样掀起鼻子露出牙齿,仿佛是要咬人的样子,这种嘴脸只好放到影戏里去,反正与我没有关系,因为二十年来我不曾看电影。"(《看云集·金鱼》)

这样的审美标准,表现在文学艺术上,就是爱好天然,崇尚简素。周作人说,他欣赏日本人"在生活上的爱好天然,与崇尚简素。"(《知堂回想录》六六节)"爱好天然""崇尚简素"这八个字也正是他自己在文学艺术上的理想。这里面有许多内容:如不求华绮,不施脂粉,本色天然;又如不夸张,不作态,不哗众取宠;又如不谈深奥理论,只说平常道理,而有平易宽阔气象;又如不求细纹密理,不用细针密线,只要大裁大剪,粗枝大叶,却又疏劲有致。

凡此皆是周作人主张的天然简素之美，他又把这一切概括之曰："写文章没有别的诀窍，只有一个字曰简单。"（《风雨谈·本色》）又曰："简单是文章的最高标准。"（《希腊的神与英雄与人》译后附记）。这个"简单"，首先是指简短，而又不仅是简短。周作人起先写过较长的论文如《人的文学》，但自一九二四年左右起，把写作的重点转向小品文，一九二六年他正式宣布不再写长篇论文，"我以后只想作随笔了"。（《艺术与生活·自序一》）这个转变有思想上的深刻原因，本书第一篇《以愤火照出他的战绩——周作人概观》里面探讨过。在艺术上，简短的小文，更易于达到平淡之美，例如著名的《雨天的书·自序一》，就是以极短之文达到极淡之美的典型。平淡不等于枯槁，相反地倒是要腴润。周作人赞美日本作家森鸥外和夏目漱石两家之文"清淡而腴润"，有"低徊趣味"，这也是他在艺术上极力追求的。（《谈龙集·森鸥外博士》）周作人最短的一篇文章是《知堂说》（收入《知堂文集》），全文云：

> 孔子曰，知之为知之，不知为不知，是知也。荀子曰，言而当，知也；默而当，亦知也。此言甚妙，以名吾堂。昔杨伯起不受暮夜赠金，有四知之说，后人钦其高节，以为堂名，由来旧矣。吾堂后起，或当作新四知堂耳。虽然，孔荀二君生于周季，不新矣，

且知亦不必以四限之,因截取其半,名曰知堂云尔。

全文连标点符号在内还不到一百四十字,主意正文只是自开头至"以名吾堂"这三句,在全文中只占八分之三;自"昔杨伯起"以下至末尾,八分之五的篇幅,全是游词余韵,空际翻腾,几乎一句一个转折,这就是低徊趣味,这就是简短而不窘局,平淡而不枯槁。周作人自己特别看重这篇文章,不是没有道理的。

周作人文章的清淡而腴润,还表现在雍容淡雅的风神上。举其最浅显易见者而言,他有一个特点,就是文章好用长句子,说理之文尤多。例子举不胜举,随便举一个看看:

性教育的实施方法,诚然还未能够决定,但理论是大抵确实了;教育界尚须从事筹备,在科学与文艺上总可以自由的发表了。然而世界各国的道学家误认人生里有丑恶的部分,可以做而不能说的,又固持"臭东西上加盖子"的主义,以为隐藏是最好的方法,因此发生许多反对与冲突,其实性的事情确是一个极为纤细复杂的问题,不能够完全解决的,正如一条险峻的山路,在黑暗里走去固然人人难免跌倒,即使在光明中也难说没有跌倒的人,——不过可以免避的总免避过去了。道学家的意见,却以为在黑暗中跌倒,总比在光明中为好,甚至于觉得光明中的不跌倒还不

及黑暗中的跌倒之合于习惯,那更是可笑了。(《谈龙集·森鸥外博士》)

这一大段,长达二百七十多字,只有三个句号,第二个句号那一句尤其长,竟达一百五十多字。还有叙志述怀之文中的长句子,例如《雨天的书·自序二》:

> 我从小知道"病从口入祸从口出"的古训,后来又想溷迹于绅士淑女之林,更努力学为周慎,无如秉性难移,燕尾之服终不能掩羊脚,检阅旧作,满口柴胡,殊少敦厚温和之气;呜呼,我其终为"师爷派"矣乎?虽然,此亦属没有法子,我不必因自以为是越人而故意如此,亦不必因其为学士大夫所不喜而故意不如此;我有志为京兆人,而自然乃不容我不为浙人,则我亦随便而已耳。

这类长句子,结构松散,若断若连,很像日本语文的句式,而不是德国语文中的长句子那样结构严密得像一架精密仪器。这种长句子最能表达委婉曲折的语气,纡徐荡漾的意境,雍容淡雅的风神。换了别的作家,也可以断开为好几个短句,标点习惯原是与作家文章的特色不可分的。鲁迅曾不止一次赞美日本语的优婉,不止一次慨叹"中国文是急促的文,话也是急促的话",用来翻译日本文学作品时最有困难。① 深通并热爱日本文学的周作人，当然会有相同的感受，所以如果说他这种长句子是力图克服中国语文急促的缺点，吸收日文优婉的优点，大约是可以成立的。日本文章的标点符号，本来也就习惯于每段之内逗号到底，段末才有一个句号，于是一段成为一个长句子了。

　　清淡和腴润是对立的统一，是清淡而不寡淡，腴润而不肥腻。周作人特别欣赏日本生活中衣食住行各方面，都是着眼于清淡和腴润统一之美。关于日本的食物，他说道："谷崎润一郎在《忆东京》一文中很批评东京的食物，他举出鲫鱼的雀烧与叠鲻来作代表，以为显出脆薄贫弱，寒乞相，无丰腴的气象，这是东京人的缺点，其影响于现今以东京为中心的文学美术之产生者甚大。他所说的话自然也有一理。但是我觉得这些食物之有意思也就是这地方，换句话说可以说是清淡质素，他没有富家厨房的多油多团粉，其用盐与清汤处却与吾乡寻常民家相近，在我个人是很以为好的。"（《药味集·日本之再认识》）他又说他自己的口味：

> 假如有人请吃酒，无论鱼翅燕窝以至熊掌我都会吃，正如大葱卵蒜我也会吃一样，但没得吃时决不想

---

① 鲁迅《〈池边〉译后附记》《〈鱼的悲哀〉译后附记》《〈桃色的云〉序》《将译〈桃色的云〉以前的几句话》。

吃，或看了人家吃便害馋，我所想吃的如奢侈一点还是白汤一类，其次是鱼汤，还有一种用挤了虾仁的大虾壳，砸碎了的鞭笋的不能吃的老头，再加干菜而蒸成的不知名叫什么的汤，这实在是寒乞相极了，但越人喝得滋滋有味，而其有味也就在这寒乞即清淡质素之中，殆可勉强称之曰俳味也。(《药味集·日本之再认识》)

此可见清淡和腴润的对立统一，是统一于清淡质素，而不是统一于腴润，宁可失之寒乞相，而不可失之多油与团粉。顺带说一下，这一句长达一百八十字，又是描状之文中的长句子一例。

三

形成腴润之美的更深的原因，在于感情。上面说周作人散文常常淡化感情，并不等于说他文中无情，相反地，常常是有一种亲切温暖之情。

首先是作者对读者的亲切温暖。周作人散文和读者的关系，大部分都是朋友之间的漫谈，而不是站在讲台上讲话。读者感受到的是平等的亲切，而不是仰头瞻望或低头崇拜。叙述描写抒发之文做到这一层也许还容易，说理之文能做到这一层，是周作人的独特成就。

朋友漫谈之间的说理，不像学术讨论那样要注意逻辑的严密和论证的周密。周作人的散文有时只从某一个具体事例，便引出许多大道理。例如只是介绍了印度那图夫人向英国戈斯请教作诗，戈斯教她先要丢掉夜莺呵蔷薇呵之类的英国诗歌中的习见语，再开手去作她自己的诗，方能有所成就，只介绍了这么一段话，紧接着便说：

> 因此我们可以得到结论：（1）创作不宜完全没煞自己去模仿别人，（2）个性的表现是自然的，（3）个性是个人唯一的所有，而又与人类有根本上的共通点，（4）个性就是在可以保存范围内的国粹，有个性的新文学便是这国民所有的真的国粹的文学。（《谈龙集·个性的文学》）

这四条结论都很大。从戈斯教那图夫人那么一件事，便得出这四条大结论，论据本来不足，但在见解相近学识水平相近的朋友之间谈话，常常有这种情形，好在是互相启发，互相交流，并不是别人一定要听你论证充足之后才懂得那些道理。有时只表明主张，不详细解释。例如说到对猥亵事物，可能有艺术地自然、科学地冷淡、道德地洁净三种态度，主张"在假道学的社会中我们非科学及艺术家的凡人所能取的态度只是第三种"，只是这么提出来而已，至于三种态度是怎么一回事，特别是净观一种是怎么个观法，何以我们只能采取净观,何以不净观是不对的,统统未有解释。(《雨天的书·净观》)有时道理的正面不易说清楚,便只说反面。例如主张人要通了,方可读古书,但没有解释怎么是通,只解释怎么就不通。(见《谈虎集上卷·古书可读否的问题》)有时点到即止。例如,只说"我想破坏他们的伪道德不道德的道德,其实却同时非意识地想建设起自己所信的新的道德来",那伪道德不道德的道德的内容是什么,这新道德的内容又是什么,则不加解释。(《雨天的书·自序二》)又如评论李笠翁的《闲情偶寄》,赞赏其"纤悉讲人生日用处","讲房屋器具亦注重实用",唯指出"其暖椅稍可笑,唯此为南方设法亦属无可如何",暖椅之制究竟如何,有何可笑,都没有解释。(《苦竹杂记·笠翁与随园》)所有这些,在严正的论文中都是不该有的,但我们试一回想平日与二三友人漫谈的情形,这些都是常常有的。倘若避忌了这种种情形,处处都是归纳演绎,原因结果,大小前提,本证旁证……这么来一通,严密是严密了,可不像漫谈了。

　　漫谈的亲切,关键在于气象和态度。周作人赞美贺贻孙对《诗经》的解说,云:"这里所说道理似极平常,却说得多么好,显得气象平易阔宽,我们如不想听深奥的文艺批评,只要找个有经验人略加指点,待我自己去领解,则此类的说当最为有益了。"(《秉烛后谈·贺贻孙论诗》)深奥虽然可佩服,一不小心易流于狭窄高慢,武断自是,强加于人。周作人所赞美的和他自己身体力行的,则是以宽阔的气象,平等的态度,本诸亲切的体会,来谈平易的道理。这里面幽默感最不可少。周作人说他自己为什么不喜欢喝酒时"豁拳",云:

> 豁拳我不大喜欢,第一因自己不会,许多东西觉得不喜欢,后来细细推想实在是因为不会之故,恐怕这里也是难免如此。第二,豁拳的叫声与姿势实在有点可畏,对角线的对豁或者还好,有时隔着两座动起手来,中间的人被左右夹攻,拳头直出,离鼻尖不过一公分,不由不感到点威吓。(《秉烛后谈·谈劝酒》)

他一贯不喜欢一切强烈夸张粗蛮的东西,第二个理由其实是唯一的理由;但是他先说第一个理由,先以这样的自嘲来表明他并不是自以为一切好恶皆体现着真理。这就是幽默,这一下便使读者和作者更亲近了,这不是削弱而是加强了第二条理由的说服力量。

其次是作者对生活的亲切温暖。周作人早期的名文《故乡的野菜》(此文收入《雨天的书》)里面,关于荠菜云:

> 荠菜是浙东人春天常吃的野菜,乡间不必说,就

是城里只要有后园的人家都可以随时采食,妇女小儿各拿一把剪刀一只"苗篮",蹲在地上搜寻,是一种有趣味的游戏的工作。那时小孩们唱道,"荠菜马兰头,姊姊嫁在后门头。"

关于黄花麦果,云:

春天采嫩叶,捣烂去汁,和粉作糕,称黄花麦果糕。小孩们有歌赞美之云:
"黄花麦果韧结结,
关得大门自要吃:
半块拿弗出,一块自要吃。"

关于紫云英,云:

花叶红色,数十亩接连不断,一片锦绣,如铺着华美的地毯,非常好看,而且花朵状若蝴蝶,又如鸡雏,尤为小孩所喜。间有白色的花,相传可以治病,很是珍重,但不易得。日本《俳句大辞典》云:"此草与蒲公英同是习见的东西,从幼年时代便已熟识,在女人里边,不曾采过紫云英的人,恐未必有罢。"中国古来没有花环,但紫云英的花球却是小孩常玩的东西,这一层我还替那些小人们欣幸的。

此文的有名，即在于文中充溢着对野花野草，对妇女儿童这样温润的爱。晚年又回忆故乡小儿的糖食云：

> 绍兴如无夜糖，不知小人们当更如何寂寞，盖此与炙糕二者实是儿童的恩物，无论野孩子与大家子弟都是不可缺少者也。夜糖的名义不可解，其实只是圆形的硬糖，平常亦称圆眼糖，因形似龙眼故，亦有尖角者，则称粽子糖，共有红白黄三色，每粒价一钱，若至大路口糖色店去买，每十粒只七八文即可，但此是三十年前价目，现今想必已大有更变了。梨膏糖每块须四文，寻常小孩多不敢问津，此外还有一钱可买者有茄脯与梅饼。以沙糖煮茄子，略晾干，原以斤量计，卖糖人切为适当的长条，而不能无大小，小儿多较量择取之，是为茄脯。梅饼者，黄梅与甘草同煮，连核捣烂，范为饼如新铸一分铜币大，吮食之别有风味，可与青梅竞爽也。卖糖者大率用担，但非是肩挑，实只一筐，俗名桥篮，上列木匣，分格盛糖，盖以玻璃，有木架交叉如交椅，置篮其上，以待顾客，行则叠架夹胁下，左臂操筐，俗语曰桥。虚左手持一小锣，右手执木片如笏状，击之声镗镗然，此即卖糖之信号也，小儿闻之惊心动魄，殆不下于货郎之惊闺与唤娇娘焉。此锣却又与他锣不同，直径不及一尺，窄边，不系带，击时以一指抵边之内缘，与铜锣之提索及用

锣槌者迥异，民间称之曰铛锣，第一字读如国音汤去声，盖形容其声如此。(《药味集·卖糖》)

所记的都是民间小儿极普通极便宜的糖食，本来很朴陋，既然是小儿的恩物，爱小儿的人用了小儿的眼来看，便觉滋滋有味，扩大了来说便是对民间生活的关心和兴趣。周作人的文章里有许多记民间食品的地方，都极精彩。至于对妇女的关心，周作人也是至老不衰。一九三六年，他看了报载绍兴一少女反对家庭包办婚姻自杀的新闻，他说他吃惊不小：

> 因为我记起四十年前的旧事来，在故乡邻家里就见过这样的少女，拒绝结婚，茹素诵经，抑郁早卒，而其所信受爱读的也即是《刘香宝卷》，小时候听宣卷，多在这屠家门外，她的老母就是发起的会首。此外也见过些灰色的女人，其悲剧的显晦大小虽不一样，但是一样的暗淡阴沉，都抱着一种小乘的佛教人生观，以宝卷为经史，以尼庵为归宿。此种灰色的印象留得很深，虽然为时光所掩盖，不大显现出来了，这回忽然又复遇见，数十年时间恍如一瞬，不禁愕然，有别一意义的今昔之感。(《瓜豆集·刘香女》)

这是他晚年文章中极感人的文字，与早年歌颂故乡妇女春天采荠菜的美妙文章遥遥相应。他晚年多次称引赞美《庄子·天道》中设为尧舜问答的话："嘉孺子而哀妇人"，他说这就是圣王之大道，并且以此自命。他曾经这样总结自己的文章中的思想："大致由草木虫鱼，窥知人类之事，未敢云嘉孺子而哀妇人，亦尝用心于此。"（《立春以前·几篇题跋·秉烛后谈序》）这是确实的。以爱儿童悯妇女为中心，对生活中一切平凡琐屑的事物的关心和兴趣，的确贯穿在他的散文之中。

助成平淡腴润之美的，还有诙谐趣味。周作人早期的散文常常能将战斗性和谐趣统一。例如，他从"目连戏"的"张蛮打爹"中，引张蛮的爹被打后对众说道："从前我们打爹的时候，爹逃了就算了。现在呢，爹逃了还是追着要打。"周作人对此只加了一句评语道："这正是常见的'世道衰微人心不古'两句话的最妙的通俗的解释。"（《谈龙集·谈"目连戏"》）真是又深刻，又诙谐，使人忍俊不禁。后来，周作人散文的战斗性逐渐减弱，幽默和谐趣则更多地表现在人情世态的描写中。例如他写到一个抽鸦片的人：

> 鸦片的趣味何在，我因为没有入过黑籍，不能知道，但总是麻苏苏地很有趣罢。我曾见一位烟户，穷得可以，真不愧为鹑衣百结，但头戴一顶瓜皮帽，前面顶边烧成一个大窟窿，乃是沉醉时把头屈下去在灯

上烧去的，于此即可想见其陶然之状态了。(《看云集·麻醉礼赞》)

这种诙谐使人微笑，也使人想哭。后文又说两个醉鬼夜行，掉了棉鞋，却将一只黑小狗误当棉鞋，"我们听了或者要笑，但他们那时神圣的乐趣我辈外人那里能知道呢"。(《看云集·麻醉礼赞》) 更是以微笑代哭，这比哭更可悲，却比干哭更润泽而不是那样的枯厉。

四

昔人论大家与名家之分，谓名家往往只是一种味道，大家则是五味调和，既有某一味为主，而又有许多相异乃至相反之味，巧妙地调和在一起。周作人这个散文大家，当然也不只是一味地清淡腴润。

例如，极力淡化感情之法，若用于太严重的事情，强烈的反差便会产生强烈的效果。周作人说到与李大钊同案同日被绞死的女子师范大学学生张挹兰时，便用了这种强烈反差之法：

> 她是国民党职员还是共产党员，她有没有该死的罪，这些问题现在可以不说，但这总是真的，她是已被绞决了，抛弃了她的老母。张君还有两个兄弟，可

> 以侍奉老母,这似乎可以不必多虑,而且,——老母已是高年了,(恕我忍心害理地说一句老实话)在世之日有限,这个悲痛也不会久担受,况且从洪杨以来老人经过的事情也很多了,知道在中国是什么事都会有的,或者她已有练就的坚忍的精神足以接受这种苦难了罢。(《谈虎集下卷·偶感一》)

愈是多方宽解,愈见其无可宽解,愈说得平淡,愈是无可奈何的悲愤。

还有,比幽默诙谐更进一步的是说些极端诙诡的明显的反话。周作人一生多次痛斥娼妓制度,有一处这么说:

> 圣人有言,饮食男女,人之大欲存焉。世之人往往厄于贫贱,不能两全,自手至口,仅得活命,若有人为"煮粥",则吃粥亦即有两张嘴,此穷汉之所以兴叹也。若夫卖淫,乃寓饮食于男女之中,犹有鱼而复得兼熊掌,岂非天地间仅有的良法美意,吾人欲不喝彩叫好又安可得耶?(《看云集·娼女礼赞》)

这已经完全越出幽默诙谐的范围,是痛心疾首地在说话。他晚年自称对一切误会和攻击都采取"不辩解"的态度,有一次这么解释理由道:

> ……〔水浒传〕说林冲在野猪林被两个公人绑在树上，薛霸拿起水火棍待要结果他的性命，林冲哀求时，董超道："说什么闲话，救你不得。"金圣叹在闲话句下批曰：
>
> "临死求救，谓之闲话，为之绝倒。"本来也亏得做书的写出，评书的批出，闲话这一句真是绝世妙文，试想被害的向凶手乞命，在对面看来岂不是最可笑的废话，施耐庵盖确是格物君子，故设想得到写得出也。（《药堂杂文·辩解》）

这更是毫不温润，已经冷得砭骨。

至于并不诙谐幽默，并不说反话，而是正面直陈本意的，此类文章很多，且举一个最严正最重大的例子来看：

> 孙中山先生在欢迎声中来，在哀悼声中死于中国的首都北京，可谓备受全国之尊崇，但"夷考其实"则商会反对欢迎而建议复尊号，市人以"孙文"为乱党一如满清时，甚至知识阶级亦在言论界上吐露敌视之意，于题目及语气间寄其祈望速死的微旨。呜呼，此是何等世界！（《谈虎集上卷·孙中山先生》）

末句一声质问，简直有些呼天问天的神气。接着还说：

> 孙中山先生不以革命死于满清或洪宪政府之手，而得安然寿终于北京之一室，在爱惜先生者未尝不以为大幸，但由别一方面看来却又不能不为先生感到无限的悲哀也。（《谈虎集上卷·孙中山先生》）

一句话便概括了孙中山的成功和失败的一生，概括了辛亥革命的成功和失败的历史，笔力实在不轻。这悲哀里面充满了这样重大的历史内容，所以"无限的"云云并不是随便说说。

周作人散文中直白的抒情，还可以举出另一例：

> ……又如卖硬面饽饽者，〔《一岁货声》〕书中记其唱声曰："硬面，饽啊饽……"，则与现今完全相同，在寒夜深更，常闻此种悲凉之声，令人怃然，有百感交集之概。（《夜读抄·〈一岁货声〉》）

这里面有更深一层的历史感。下文说到卖花生之声今昔相同，即有说明云："昔有今无，固可叹慨，若今昔同然，亦未尝无今昔之感，正不必待风景不殊举目有河山之异也。"（《夜读抄·〈一岁货声〉》）这样的文字，真可谓文情双绝，而这是极力咏叹唏嘘，并不讲含蓄。

周作人自称心头住着两个鬼，一是绅士鬼，一是流氓鬼。"我对于两者都有点舍不得，我爱绅士的态度与流氓的精神。"(《谈虎集下卷·两个鬼》)虽然有些论者看了周作人后来的日趋消极,不大相信"流氓鬼"的存在,但是今天整个来看,这话还是符合实际的。周作人的散文固然力求和平委婉,但是决断痛快之文,尖锐泼辣之文,剑拔弩张之文,仍然不少。例如痛斥《现代评论》无耻地捧段祺瑞,捧章士钊,得到津贴一千元,云:

> 东欧究竟还是西方文明的地方,那种奴隶的言语里约含着叛逆的气味,着实有赤化的嫌疑,不足为训,而中国则是完全东方文明的,奴隶的心是白得同百合一样的洁白无他,他的话是白得同私窝子的脸一样的明白而——无耻。天恩啦,栽培啦,侍政席与减膳啦,我们的总长呀,孤桐先生啦,真是说不尽,说不尽,你瞧,这叫得怎样亲热?无怪乎那边的结果是笞五百流一万里,这边赐大洋一千元。(《谈虎集上卷·奴隶的言语》)

此外,如"胡涂卑鄙的遗老","甚矣日本人之荒谬绝伦也",又如"最凶残而又卑怯的""十足野蛮堕落的恶根性",这些文句很不少,简直不像是从十足绅士风度的苦茶庵主人口里说出来的。后期文章中这种成分少些,但也不是没有。抗战前日寇在华北的侵略不断深入,国民党政府对外一味妥协退让,对内加紧复古倒退,周作人就写了这样的话:

> 近日北方又有什么问题如报上所载,我们不知道中国如何应付,看地方官厅的举动却还是那么样,只管女人的事,头发,袖子,袜子,衣衩等,或男女不准同校,或男女准同游泳,这都是些什么玩意儿,我真不懂。(《苦茶随笔·后记》)

完全是指着鼻子喝骂了。

周作人的尖锐泼辣,到了晚年,多变为尖酸刻薄,主要针对左翼文学青年。他曾画出这么一幅极尽丑化之能事的漫画:

> 革命假如是雅片,文学好比是"亚支奶"罢?正如有钱有势的人大胆地抽大烟一样,有血气的青年对于现代感到不满,也就挺身而起,冒危险,拼性命,去实行革命,决不坐在家里叹息诅咒,聊以出他胸头的一口闷气。只有那些骨瘦如柴,手无缚鸡之力的乏汉,瘫痪似地坐在书桌前面,把他满腔的鸟气吐在格子纸上,免得日后成鼓胀病,有如上瘾的穷朋友只能每顿吞点亚支奶,这虽是不像样,却也是没有法的。(《永日集·〈大黑狼的故事〉序》)

语言的刻毒,这是一个标本。早期的尖锐泼辣里面如果说是一股正气,晚年的尖酸刻毒里面便是一股怨气。

周作人散文中这些异于平淡腴润的成分,调和在一起,然而并不改变平淡腴润的风味,其诀窍在于适度,就是说,往往通篇平淡腴润之中,间或有那么几句话,一小段,是相异的乃至相反的风味,但马上能收回来,这就是适度。周作人说:"我在北京市街上行走,尝见绅士戴獭皮帽,穿獭皮领大衣,衔纸烟,坐包车上,在前门外热闹胡同里岔车,后边车夫误以车把叉其领,绅士略一回顾,仍晏然吸烟如故。"(《立春以前·关于宽容》)他自己作文正是极力追求这种绅士风度,虽然往往并不止于"略一回顾",回顾之中还会说几句,甚至骂几声,但总是注意很快端正坐好,"仍晏然吸烟如故"。这样的绅士风度便显得不呆板,不单调,有变化,有活气。

五

周作人散文的不呆板,有变化,还因为看似一挥而就之中,其实有无限的意匠经营。

他常常避开正面呆说,却从反面对面侧面背面来说。例如,题为《北京的茶食》(收入《雨天的书》,又收入《泽泻集》),全文只说了北京没有好茶食;题为《北平的春天》(收入《风雨谈》),全文只说了北平没有春天;题为《现代散文选序》(收入《苦茶随笔》),全文只谈了古代的旧文学;这些都是从反面着笔。又如,题为《关于王韬》

(收入《苦竹杂记》），文中只引了王韬《扶桑纪游》的一则，而大引特引王韬的日本友人风千仞的《观光纪游》中关于王韬抽鸦片，关于中国当时鸦片的流毒情况等等，共七则之多，这是从对面着笔。又如，题为《读禁书》（收入《苦竹杂记》），文中所谈的并非禁书，只是他读了认为本来可能遭清朝之禁而不知何故漏网的一部书，他认为可能遭禁的理由是书中有痛骂"虏奴"等处，但这种文字只引出了两节，此外大量引用的却是同书嗤笑主战的文字，这是从背面着笔。又如《书法精言》（收入《风雨谈》）一文，通篇并未介绍《书法精言》一书的内容，只抄了它的自序，以"文章欠通，思想卑陋"八个字的评语了之；但因此书作者另有著作《字贯》，曾因那部书而兴起了一场文字狱，于是周作人连述带抄地介绍了孟森考证《字贯》一案的文章，指出这样一个文章欠通思想卑陋的乡曲迂儒，本来是想讨好，不料触犯了忌讳，遭受惨祸，更可见文字狱的残酷，这是从侧面着笔。又如《谈错字》（收入《风雨谈》）一文，稍稍谈了古书中的错字之后，更着重地谈了他认为本不错而被校者妄改的字，这可以说是由正入反。《苦口甘口》（收入《苦口甘口》）一文，全文只是苦口，题目故意加上"甘口"，文末故意说两者之中只说了一个，"此乃是新式作法之一，为鄙人所发明"，这可以说是似偏实全。

周作人散文常是掩映摇曳，多姿多态。例如《镡百姿》

（收入《自己的园地》）一篇，主要的意思在第三段，却故意说这是"多写了这一节"。又如《代快邮》（收入《谈虎集上卷》）一篇，痛论中国人应当自知自愧，洗涤旧污，很是严重而严肃，末尾却结以小侄儿的天真可笑，苦雨斋的雨和蛙，余韵悠然。又如《夜读抄·小引》，从夜读的理想到并不夜读的现实，从父亲的理想到自己的理想，从少时的理想到现在的理想，一气说下来，十步九折，若离若合，时正时反，极烟云舒卷之致。又如《瓜豆集·题记》解释书名云：

> 为什么叫作瓜豆的呢？善于做新八股的朋友可以作种种的推测。或曰，因为喜讲命运，所以这是说种瓜得瓜种豆得豆吧。或曰，因为爱谈鬼，所以用王渔洋的诗，豆棚瓜架雨如丝。或曰，鲍照《芜城赋》云，"竟瓜剖而豆分"，此盖伤时也。典故虽然都不差，实在却是一样不对。我这瓜豆就是老老实实的瓜豆，如冬瓜长豇豆之类是也，或者再自大一点称曰杜园瓜豆，即杜园菜。

接着引茹三樵《越言释》中"杜园"一条，然后点出本意云：

> 土膏露气真味尚存，这未免评语太好一点了，但

不妨拿来当作理想，所谓取法乎上也。出自园丁，不经市儿之手，那自然就是杜撰，所以这并不是缺点，唯人云亦云的说市话乃是市儿所有事耳。

鲁迅曾经指出：在书名上"多立异名，摇曳见态"是《红楼梦》家数。① 这里则是在书名的解释上多作异解，也可以说是《红楼梦》家数的发展，更是摇曳见态，并且讽刺了"善于做新八股的朋友们"。周作人散文中引文很多，在怎样引录的方式上，也很费苦心。例如《娼女礼赞》（收入《看云集》）一篇，除了《水浒传》和金圣叹批语而外，还引了：1. 德国柯祖基的话，2. 美国门肯的《妇人辩护论》，3. 西班牙伊巴涅支的小说《侈华》，4. 德国哈尔波伦的《异性论》，5. 德国小说家路易非立的话，6. 日本歌人石川啄木的话。有的是标明书名章节，引录原文。有的是标明书名章节，述其大意，不引原文。有的只说某人说过什么意思的话，不是原文，也不说他是在何书何处说的。引文多了本来易于刻板沉闷，这么一调配，便使详略相形，有参差掩映之致。

孟子形容有本源的泉水，滚滚地往下流，昼夜不停，把洼下之处注满，又继续向前奔流，这叫作"盈科而后进"。周作人散文最有这种"盈科而后进"之美。他评论废

---

① 鲁迅《中国小说史略》第二十七篇。

名的文章:"这好像是一道流水,大约总是向东去朝宗于海,他流过的地方,凡有什么汊港湾曲,总得灌注潆洄一番,有什么岩石水草,总要披拂抚弄一下才再往前去,这都不是他的行程的主脑,但除去这些也就别无行程了。"(《苦雨斋序跋文·莫须有先生传序》)这些话用来说他自己的文章更为适合。例如早期的名篇《喝茶》(收入《雨天的书》),由喝茶说到茶食,说到江南茶馆中的"干丝",于是详叙其制法与味道,以及茶馆中吃"干丝"的情形:

> 江南茶馆中有一种"干丝",用豆腐干切成细丝,加姜丝酱油,重汤炖热,上浇麻油,出以供客,其利益为"堂倌"所独有。豆腐干中本有一种"茶干",今变而为丝,亦颇与茶相宜。在南京时常食此品,据云有某寺方丈所制为最。虽也曾尝试,却已忘记,所记得者乃只是下关的江天阁而已。学生们的习惯,平常"干丝"既出,大抵不即食,等到麻油再加,开水重换之后,始行举箸,最为合式,因为一到即罄,次碗继至,不遑应酬,否则麻油三浇,旋即撤去,怒形于色,未免使客不欢而散,茶意都消了。

穷学生的小盘算,小堂倌的小喜怒,这些平凡有情的世象,用了幽默的调料调和起来,与清茶及"干丝"的质朴素雅的味道正好相称。以下更详细地写到他故乡绍兴的三脚桥,桥的名与实,其地的名产周德和茶干,以及已经不是茶食的油炸豆腐干之类,似乎岔得很远了;但是说,豆腐这样佳妙的食品,"唯在西洋不会被领解,正如茶一般",一句便收了回来。此文的主要意思是提倡"茶道",即以"片刻的优游","在不完全的现世享乐一点美与和谐"。吃"干丝"如何应付堂倌,油豆腐干如何制法之类,似乎与此关系不大,不必写得这样多,这样详尽。但是这样写了,本身就表明作者的"优游"态度,不是急匆匆地赶着把主意说出来便完事。又如《十字街头的塔》(收入《雨天的书》),主意是说既不想脱离现实,又要与现实保持距离,有如把塔建在十字街头。先说自己从小就是十字街头的人,由此详叙绍兴故里十字街头的四家店铺,特别详叙第四家水果店。说到塔,又详述绍兴的怪山,山名的由来,山上的应天塔,塔的景象,信佛的老太婆们中元节在塔上点灯,因灯而失火毁塔,以及周作人自己去看过火后的废塔,拾得的断砖,断砖上的"护国禅师月江"字样,这位禅师终于无考,等等。说了这许多之后,又一笔扫开,说这些都不是他要在十字街头建造的塔,这才说到本意是指望台角楼式的"塔园",立刻笔头一斜又岔到哈多主教的塔,还特地附了木版画的插图。这些同主意似乎没有关系,品味起来又不是当真全无关系,但是又不必穿凿附会地去求其中的微言大义。又如,《苦竹杂记》的后记,写法本来特别,全文只是抄录他自己的几封旧信稿，来表明文学主张和写作中的甘苦，一封信云："读者则大怒或怨不佞不从俗呐喊口号，转喉触讳，本所预期，但我总不知何以有非给人家去戴红黑帽喝道不可之义务也。"意思已很清楚，当时的读者完全不知道红黑帽的大概不多，即使不知道也无大妨碍。周作人抄了这封信之后，却加上一段说明云：

> 红黑帽编竹作梅花眼为帽胎，长圆而顶尖，糊黑纸，顶挂鸡毛，皂隶所戴，在知县轿前喝道曰乌荷。此帽今已不见，但如买杂货铺小灯笼改作，便顷刻可就，或只嫌稍矮耳。

说这是从容不迫，好整以暇也可以，说是穷形极相，无限轻蔑也可以。形制说得越详尽，越见其对世间一切的注视关心。末了传授买小灯笼改作之法，是对于他认为正在轿前喝道的现代人的讽刺。前面说过周作人文中好用长句子，是在努力克服汉语汉文短促的缺点，吸取日语日文优婉的优点；现在应该补充，行文的披拂萦带，盈科而后进，同样是在追求优婉之美，是在整个的谋篇布局上避免短促僵直的毛病。

六

周作人写散文的意匠经营,还有一些可说。

一是假装不懂的诘问。例如,在北京前门遇到北洋政府镇压请愿群众的马队的冲击之后,周作人的抗议文章里,故意说马是无知的畜生,自然不懂共和和法律,自然会向人群直冲过来,只不知马上的人为什么也任凭畜生来践踏人民?(《谈虎集上卷·前门遇马队记》)又如当时上海的淞沪警察厅明令禁止携带十岁上下的女孩进浴堂(那时没有女浴堂),理由是"有关风纪",周作人的评论中提出一系列的疑问:风纪是什么东西?属于物理学的还是化学的?通常所谓"风化案",似乎男女刚一相好,风纪就出毛病,这微妙的感应理由何在?为什么一个十岁左右的女孩进浴堂,风纪就危险?风纪何以如此嫩脆易损?难道是在警察厅的严密保护之下反而越来越娇?(《谈虎集下卷·风纪之柔脆》)这些假痴假呆的反问,最能驳得对方无立足之地。

一是似断实连的结构。例如《笠翁与兼好法师》(收入《雨天的书》)一篇,引了李笠翁的话,日本兼好法师的话,和当时上海一位中学校长曹慕管的话,分别加以评论,评语或详或略,但没有一语指出三人的话如何联系起来看。又如《妇女问题与东方文明等》(收入《永日集》)一文,论妇女问题的一部分,与论东方文明的一部分,明显是两

> 清言俪语，陆续而出，良由文人积习，无可如何，正如张宗子所说，虽劫火猛烈犹烧之不失也。

见解透过一层，抉出清言俪语下面的感慨和顽强，评语的文章与引文的文章融为一体，于是华美挽回为质雅，被质雅冲淡了。凡是晚年的"文抄"式的文章，大段引文之间，全仗这样精要的评论申释之语，起着绾合连缀，回旋斡运，点染渲润的作用，使全文成为一体，成为周作人风格意境的一体。例如《五老小简》（收入《夜读抄》）一文中，引了孙仲益两则小简，前一则用了许多典故，后一则有云："便欲牵课小诗占谢，衰老废学，须小间作捻髭之态也。"周作人引后加评语云：

> 前者典太多，近于虚文，后者捻髭之态大可不作，一作便有油滑气，虽然比起后人来还没有那么俗。

评得又准确，又风趣，风趣不难，不如孙仲益之流为油滑则难，进而敏锐地辨别油滑与俗之界限则尤难。这是周作人的真功夫，不是一般学步者轻易学得到的。二十世纪三十年代四十年代也曾有人学写周作人这种"文抄公"的文章，所引多是周作人已经引过的书，没有自己探索到的，更没有像周作人那样对于作者的生平，对于书的版本，对于书的上下左右有关的种种事情的渊博而精要的考订；引出来的文字顶多只是内容上有材料的意义，风格意境却融不到一起；特别是引用者的评论申释之文，平庸干枯，窘态可掬，比周作人差得太远了。周作人引鸠摩罗什语："学我者病。"的确不是泛泛而言。

周作人并不是离了引文写不出文章，他晚年也常写一种直抒胸臆，一句引文也没有的文章。例如《说文章》（收入《知堂乙酉文编》）一篇，痛论写文章不可做戏似地迎合观众，夸张作态，虽然他当时心目中可能别有所指，而所指对象未必尽如他所说的样子，这在他来说未免蔽于偏见，但一般而论，却也真是深味文章甘苦之言。又如《过去的工作》（收入《过去的工作》）一篇，痛论中国上下数千年间的封建思想流毒，科举制度的弊害，"五四"新文化运动的不彻底，现实生活中反动思想的有力，继续坚持思想革命的必要，内容极为丰富。这两篇都是一句引文也没有，因为平日知之已深，思之已熟，所以不必临时检查书籍，自然如数家珍，仍然是漫话闲谈的方式，而内容极其庄严重大，这就更显出举重若轻的风采，更显出博学而能"通"，读书而能"化"的境界。

九

周作人所富有的，不仅是书本上的知识，而且有日常生活中的种种常识。他早期的名文《乌篷船》（收入《泽泻集》）中关于他故乡浙江绍兴的乌篷船，写得那么详细而又津津有味，已使人觉得作者莫非是个老船夫，其写"三明瓦"的形制云：

> 篷是半圆形的，用竹片编成，中夹竹箬，上涂黑油；在两扇"定篷"之间放着一扇遮阳，也是半圆的，木作格子，嵌着一片片的小鱼鳞，径约一寸，颇有点透明，略似玻璃而坚韧耐用，这就称为明瓦。三明瓦者，谓其中舱有两道，后舱有一道明瓦也。船尾用橹，大抵两支，船首有竹篙，用以定船。船头着眉目，状如老虎，但似在微笑，颇滑稽而不可怕，唯白篷船则无之。

观察得如此仔细，显见作者是个热爱生活的人。孔子曰："吾少也贱，故多能鄙事。"又说学诗的益处之一是"多识于鸟兽草木之名"。周作人一生亦颇以"多能鄙事，多识鸟兽草木之名"自喜，十分蔑视正统的儒生文士动辄以澄清天下自命，而于民间生活中一切鄙细隐曲之事无知识，无兴趣。他自己一生写过的关怀人间种种鄙细隐曲之事的好文章，有很多是关于民间饮食的，如上文举过关于绍兴夜糖、绍兴虾壳笋头干菜汤、南京茶馆中"干丝"等等的描写都是的。周作人晚年回忆故乡的麻花摊、麻花粥、羊肉粥之文，相隔几十年，还是那么详尽，那么亲切，文字素雅，堪称典范，可惜太长，不便引录。（见《苦竹杂记·谈油炸鬼》）这里另录一段关于羊肉粥的较短的文字：

> 羊肉粥制法，用钱十二文买羊肉一包，去包裹的鲜荷叶，放大碗内，再就粥摊买粥三文倒入，下盐，趁热食之，如用自家煨粥更佳。吾乡羊肉店只卖蒸羊，即此间所谓汤羊，如欲得生肉，须先期约定，乡俗必用萝卜红烧，并无别的吃法，云萝卜可以去膻，但店头的熟羊肉却亦并无膻味。北京亦有卖蒸羊者，乃是五香蒸羊肉，非是白煮者也。（《书房一角·看书偶记·带皮羊肉》）

周作人自己很欣赏这些食品，他少年时期日记中即有许多这方面的记载，例如：

> 上午食炸薄荷叶，甚可口，法摘薄荷嫩叶洗洁，以麦粉和水入少糖，霜菜拕之，用好麻油炸食，味甚佳。荷花瓣，慈姑片，苹果片，藿香菜均可炸，法亦同。[1]
> 江南笋甚少，淡笋无大者，长只五六寸，百钱得

---

[1] 周作人辛丑年（1901年）三月廿六日日记，见《鲁迅研究资料》第十辑，鲁迅博物馆编，天津人民出版社出版。

六七支,切片同咸菜炒食甚好。士人颇珍之。然吾乡则为常物,以菘芥蔓菁视之,每斤只须青蚨数翼。①

都是好文章,可见他后来的成就早有根基。而这方面的注意,后来他更提高为理论云:"看一地方的生活特色,食品很是重要,不但是日常饭粥,即点心以至闲食,亦均有意义,只可惜少人注意,本乡文人以为琐屑不足道,外路人又多轻饮食而着眼于男女,往往闹出《闲话扬州》似的事件,其实男女之事大同小异,不值得那么用心,倒还不如各种吃食尽有趣味,大可谈谈也。"(《药味集·卖糖》附记)

食品之外,周作人对于民间工匠的手艺也注意观察,兴趣浓厚。例如他写绍兴农民章福庆的竹作手艺云:

> 在晒谷以前,他有好几天要作准备,做补簟的工作。把竹簟的破缺霉朽的地方拆去,用新的竹篾补上,似乎很是简易单调,可是看得很有意思,不但将小毛竹劈开,做成篾片,工程繁多,就是末了蹲在簟上,拿那扁长的铁片打诊,抽去烂篾,补入新的,仿佛有得心应手之妙,看了很觉得愉快。(《鲁迅的故家·百草园》)

---

① 周作人壬寅年(1902年)三月廿二日日记,见《鲁迅研究资料》第十辑,鲁迅博物馆编,天津人民出版社出版。

又写章福庆晒谷的工具和本领云:

> 庆叔晒谷有他的一副本领,他把簟摊开,挑谷出去,一张簟上倒一箩谷,拿起一把长柄的横长的木铲,将谷从中央撒向四面去,刚刚推倒簟边,到了中午,他拉簟的四角,再使谷集中成为一堆,重新摊开,教他翻一个面。他使用那木铲非常纯熟巧妙,小时候看惯了,认为是晒谷的正宗,看许多人都用猪八戒式的木钉耙,在簟上爬来爬去,觉得很是寒伧,这个意见直到后来也改变不过来。说也奇怪,那种一块长方木板,略为坡一点的钉牢在长柄上的晒谷器具,难道真是他的创作么?(《鲁迅的故家·百草园》)

这种观察不是一朝一夕之功,也不是冷淡的眼光所能看见,里面充溢着对劳动之美的赏鉴和喜爱,遂使文情腴润,韵味深厚。

周作人对于文人生活中的种种,常识自然也颇丰富。例如,古时和拟古的读书人常说青灯,如果问他青灯究竟是怎么一回事,恐怕很多人说不清楚。周作人却有一段极好的记述:

> 古人诗云,青灯有味似儿时。出典是在这里了,但青灯究竟是怎么一回事呢?同类的字句有红灯,不

过那是说红纱灯之流,是用红东西糊的灯,点起火来整个是红色的。青灯则并不如此,普通的说法单是指那灯的光。苏东坡曾云,纸窗竹屋,灯火青荧,时于此间,得少佳趣。这样情景实在是很有意思的。大抵这灯当是读书灯,用清油注瓦盏中令满,灯芯作炷,点之光甚清寒,有青荧之意,宜于读书,消遣世虑,其次是说鬼,鬼来则灯光绿,亦甚相近也。若蜡烛的光便不相宜,又灯火亦不宜有障蔽,光须裸露,相传东坡夜读佛书,灯花落书上烧却一僧字,可知古来本亦如是也。至于用的是什么油大概也很有关系,平常多用香油即菜籽油,如用别的植物油则光色亦当有殊异,不过这些迂论现在也可以不必多谈了。总之这青灯的趣味在我们曾在菜油灯下看过书的人是颇能了解的,现今改用了电灯,自然便利多了,可是这味道却全不相同,虽然也可以装上青蓝的磁罩,使灯光变成青色,结果总不是一样。(《苦口甘口·灯下读书论》)

精确地说明了青灯本身,说明了它的瓦盏、灯芯、菜籽油、无障蔽四个特点,举东坡故事为无障蔽的历史证据,说明了它的光宜于做什么事,并且拿了用别的植物油的灯、有障蔽的灯、蜡烛、青蓝磁罩的电灯来做比较,真是上下四方,古往今来,面面俱到。

周作人的常识丰富,在鸟兽草木虫鱼方面特别突出,如前所引,他自称"由草木虫鱼,窥知人类之事"。他好读这方面的书,尤其好做实物的考察和俗名的辨订。他少年时期的日记里常有这类的记载:

> 堤计长二百丈,皆植千叶桃、垂柳、女贞子各花。游人颇多。又三十里至埠,乘兜轿行三里许,过一岭,约千百级,山上映山红、牛黄花颇多,又有焦藤数株,着花蔚蓝色,状如豆花,著实即刀豆也,可入药。①

后来他的名文《故乡的野菜》,正有可以从早年日记中发现其为素来所注意的。例如,文章里有:

> 扫墓时候所常吃的还有一种野菜,俗名草紫,通称紫云英。农人在收获后,播种田内,用作肥料,是一种很被贱视的植物,但采取嫩茎瀹食,味颇鲜美,似豌豆苗。

日记里则有:

> 〔庚子二月〕三十日 晴。尝草紫。(叶如商陆,

---

① 周作人庚子年(1900年)3月16日日记,见《鲁迅研究资料》第九辑,鲁迅博物馆编,天津人民出版社出版。

花如蚕豆，农人种之以粪田。越人以咸菜卤瀹之，佳美可啖，三月则老，不可食矣。）

文章里有：

关于荠菜向来颇有风雅的传说，不过这似乎以吴地为主。《西湖游览志》云："三月三日男女皆戴荠菜花。谚云，三春戴荠花，桃李羞繁华。"

日记里则有：

〔庚子三月〕上巳日　田禾叔《西湖志余》云：明时杭州妇女是日皆戴荠花。

日记是一九〇〇年的，文章是一九二四年写的，写文章时大概不会去查二十四年前的日记，当年的实际知识和书本知识都已深印脑中。二十世纪三十年代之初，周作人宣言今后要专谈草木虫鱼（《看云集·草木虫鱼小引》），固然有复杂的思想上政治上的原因，但是他这方面常识丰富，大有可谈，也是事实，当时某些学步者就赶不上了。周作人一九三七年写了一篇《野草的俗名》（收入《药味集》），是把关于野草的书本知识和实际知识结合起来的好例，文中引用中外书目太繁，姑从略，关于"碰鼻头草"有云：

越中多水，城内道路几乎水陆并行，乡下则河港尤阔大，交通必赖舟楫，人民对于水里的东西自然特别感有兴趣。如坐"蹋桨船"——《越谚》卷中注云，"小而快，用脚踏桨，桨在后，蹋从《荀子》礼论篇注。"案蹋字无可注音，当读如绍兴音弱。——中，进村间小溇，见两岸碧叶贴水，间开黄白小花，随桨波而上下，便知俗名之妙，老百姓非全无幽默者也。《诗经·周南》云："参差荇菜，左右流之。"仿佛亦有此意。此固非范啸风所谓今之闭户攻八股者所能领会也。

现实生活知识之丰富精切，又与书本学问结合甚紧，可见一斑。末了嘲笑"闭户攻八股者"，可见他以"多能鄙事，多识鸟兽草木之名"自负自喜的态度。周作人解放后用各种化名在报刊上发表了一千多篇小文章，绝大部分是知识性小品，我们只要看看那一千多个题目，便会惊叹一个人的学识与常识怎么会广博到这个程度。①

一〇

"五四"新文化运动的总精神是科学与民主，二者是互

---

① 见陈子善编《知堂集外文（亦报随笔）》《知堂集外文（四九年以后）》，岳麓书社出版。

相为用的。周作人散文中的渊博的学识和常识,也正是为反封建争民主服务的。前文已经指出,他的开放型的知识结构,对于封建中国的封闭型的文化,起着强烈的震撼和启蒙的作用,他常常是以文化来镇住愚蒙,以广博来镇住固陋,以高洁渊雅来向种种淫猥俗恶的封建的妇女观两性观道德观开战。现在我们还可以进一步来看,不仅有这些"破"的作用,还有"立"的作用。

周作人一贯提倡常识,主张中国人民需要常识,他曾经详细说明他提倡的理由云:"大家都做着人,却几乎都不知道自己是人;或者自以为是'万物之灵'的人,却忘记了自己仍是一个生物。在这样的社会里,决不会发生真的自己解放运动的;我相信必须个人对于自己有了一种了解,才能立定主意去追求正当的人的生活,希腊哲人达勒思(Thales)的格言道,'知道你自己'(Gnóthi seauton),可以说是最好的教训。我所主张的常识,便即是使人们'知道你自己'的工具。"他具体设计了"正当的人生的知识"的分科项目,共两类五组,其中最主要的是第一组"关于个人者",即生理学、性心理,等等,和第二组"关于人类及生物者",即进化论、文化发达史,等等。他说:"以上两组的知识最为切要,因为与我们关系至为密切,要想解决切身的重要问题,都非有这些知识做根柢不可。譬如有了性的知识可以免去许多关于性的黑暗和过失;有了文化史的知识,知道道德变迁的陈述,便不会迷信天经地义,把一时代的习惯当作万古不变的真理了。所以在人生的常识中,这两组可以算是基本的知识。"第三组是关于自然现象的知识,如天文、地理、物理、化学,等等。第四组是关于科学的基本知识,即数学和哲学。他说:以上四组"都是科学的知识,他们的用处是在于使我们了解本身及与本身有关的一切自然界的现象,人类过来的思想行为的形迹,随后凭了独立的判断去造成自己的意见,这是科学常识所能够在理智上给予我们的最大的好处了"。第五组是艺术。他说:艺术的常识能使人人"各能表现自己与理解他人;在文字上是能通畅的运用国语,在精神上能处处以真情和别人交涉"。(上引关于提倡常识的话,均见《谈虎集下卷·妇女运动与常识》)把他这些论证归结为简单一句话,就是人的自觉和个性的解放必须有科学的内容;反过来说,人若不能够科学地"知道你自己",便不能够真正尊重自己,解放自己。这是周作人的一个极重要的意见。近年来,对于周作人的个性解放、人的自觉的理论,已经有人开始了有益的探讨。例如,有这样的说法:"对个人价值的真正重视必须具有形而上的成分。当时的中国还是半封建的国家,只谈论生活中的人,谈论现实关系中具体的社会成员,仍然不能把个人的价值从封建束缚下解放出来予以独立的重视,只有从本体论上对人性和人的价值进行讨论,才能在民众中广泛树立个人和人道的观念,才能使现代意识脱离传统思想的钳制。因此,周作人的个人主义人性论观念虽然是唯心的和抽象的,却符合历史发展的理性要求,它在反对封建主义的启蒙运动中发挥了积极的作用。"① 这是非常深刻的看法。但是,说周作人的个人主义人性论是唯心的和抽象的,恐怕只能是在它的整个体系未能达到历史唯物论这个意义上来说,而它在自然科学方面是很唯物的,在社会科学方面强调古今伦理道德的变迁也接近辩证的观点,这些问题都有待于今后继续深入研究。

周作人所提倡的,他自己是能够做到的。他晚年写过一篇长文《我的杂学》(收入《苦口甘口》),总结他一生的学识,全文二十节,内容大要是:(1)反"举业"的路子;(2)反对道学家和八股文,赞美周秦文章;(3)中国旧小说;(4)国风、陶诗、《洛阳伽蓝记》、《颜氏家训》、王充、李贽、俞正燮;(5)日文、英文、欧洲弱小民族文学、俄国文学;(6)希腊神话;(7)民俗学、人类学派的神话学、童话;(8)文化人类学(社会人类学);(9)进化论与生物学;(10)童话与儿童学;(11)性心理学;(12)以性心理学为基础的道德思想、文艺思想、妇女论;(13)医学、妖术、宗教审判史;(14)日本的乡土研究、民艺研究;(15)日本的杂地志和浮世绘;(16)日本的川柳、落语、滑稽本;(17)日本的戏剧、歌谣、玩具图咏;

---

① 李德《人道主义个性论者周作人——他的哲学和诗学》,载《鲁迅研究动态》1988年第1期。

（18）日文与日本的明治大正文学、希腊文与《新约》及希腊文学、世界语与波兰小说；（19）佛典文学；（20）儒家精神。我们看了这篇文章，都会惊叹他的学识如此之浩博，几乎有些怀疑以一人之精力，如何有这个可能。可是仔细看去，除了文学艺术之外，他在许多专门学问项下举出他真正爱读精读的书，少的也就只是一两部，多的三五部罢了，读完这些书并不是办不到的。所以周作人不是某一科的专门学者，也不是百科全书式的学者，这么多的学识在他自己看来都是他所提倡的"人生的常识"而已，所以他总结道："要说句好话，只能批八个字云：国文粗通，常识略具而已。"他和专门学者不同的地方是他能求其会通，他说过：中国不能说是没有专门学者，可是"学者太专门了，只是攀住了一只角落，不能融会贯通的一瞥人文的全体，所以他们的见识总是有点枝枝节节的，于供给全面人生常识不免不甚适合了"。（《谈虎集下卷·妇女运动与常识》）

在周作人的散文中，贯串着两个特色，一是始终追求"人文的全体"，如上引文所云。他还说过："不佞读书甚杂，大抵以想知道平凡的人道为中心，这些杂览多不过是敲门之砖。"（《书房一角·原序》）前文还引过："大致由草木虫鱼，窥知人类之事。"或云"人文的全体"，或云"平凡的人道"，或云"人类之事"，都是同一个意思。另一个特色是极度珍重思想的自由，判断的自主。他说过："我所有的除国文和三四种外国文的粗浅的知识以外，只有一点儿生物的知识,其程度是丘浅治郎的《生物学讲话》,一点儿历史的知识,其程度只是《纲鉴易知录》而已,此外则从蔼理斯得来的一丝的性的心理,从茀来则得来的一毫的社会人类学,这些鸡零狗碎的东西别无用处,却尽够妨碍我做某一家的忠实的信徒。对于一切东西,凡是我所能懂的,无论何种主义理想信仰以至迷信,我都想也大抵能领取其若干部分,但难以全部接受,因为总有其一部分与我的私见相左。"(《苦茶随笔·重刊袁中郎集序》)他又说过:"思想杂可以对治执一的病,杂里边却自有统一,与思想的乱全是两回事。"(《立春以前·杂文的路》)在认识对象方面照见人文的全体,在认识主体方面发挥自主自尊,这两方面合起来就是周作人散文中的充实完满的人文主义精神。二者都是以渊博丰富的学识和知识为前提为条件的,这种人文主义是用科学精神武装起来的。科学就是了解;了解人,才会尊重人;了解得越多,越能够自尊自信;说来说去还是希腊那句古格言:"知道你自己。"

一一

比学问知识更有根本意义,决定周作人散文的高度艺术成就的,是周作人的审美观,这不单是指他的艺术观,而且是指他对"人文的全体"的审美判断。前文已经接触过一些,例如他向往冲淡闲适,爱好天然,崇尚简素,不喜欢强烈的表情，不喜欢夸张，尤其憎恶作态，喜欢平易宽阔，不喜欢艰深狭窄，等等。这里要看看他的这一切审美判断的最高的标准是什么。这方面他曾经说过不少的话，说得最明确的是："我很看重趣味，以为这是美也是善，而没趣味乃是一件大坏事。这所谓趣味里包含着好些东西，如雅，朴，涩，重厚，清朗，通达，中庸，有别择等，反是者都是没趣味。"(《苦竹杂记·笠翁与随园》)既然提到美与善的统一这样的高度，可见这是说到最根本的地方了。根本是什么？我以为最能统驭一切的，就是中庸。

"中庸"是中国的哲学范畴，周作人心目中最高的美是古希腊的均衡节制之美，他就用了"中庸"这个中国哲学范畴来表达之。早在一九二四年，他已说得很清楚："中国现在所切要的是一种新的自由与新的节制，去建造中国的新文明，也就是复兴千年前的旧文明，也就是与西方文化的基础之希腊文明相合一了。"他又说：希腊的文明，希腊的生活的艺术，"在有礼节重中庸的中国本来不是什么新奇的事物……我不是说半部《中庸》可以济世，但以表示中国可以了解这个思想"。(《雨天的书·生活之艺术》)可见他心目中的美原是从希腊取来的，但是希腊的这种美，易于为中国的中庸思想所了解，所以就借用"中庸"来翻译它。一九二六年，他更清楚地说过：幽默"这大概就从艺术的趣味与道德的节制出来的，因为幽默是不肯说得过度，也是 Sorhrosune——我想就译为'中庸'的表现"。(《谈龙集·上海气》）周作人晚年就不大肯说得如此明白，他后来有意无意地掩饰自己的思想的西方来源，竭力穿上纯中国式的古衣冠了。

周作人很自觉地说到中庸主义如何成为他的美学判断的根本标准。他说："我常同朋友们笑说，我自己是一个中庸主义者，虽然我所根据的不是孔子三世孙所做的那一部书。"（《谈虎集下卷·后记》）这是又一次声明自己的中庸主义并不是中国儒家的中庸主义。下文说，根据自己这个中庸主义，所以不做这一教派那一学派的信徒；不相信有神与灵魂，可是能理解宗教的要求，对各宗教仪式经典都感觉兴趣；不信仰群众，可是对各派社会改革的仁人志士都很尊敬；主张宽容，反对统一思想，等等。这些都是中庸主义用于真和善方面的。接着便说到中庸主义的审美观："还有一层，我不喜欢旧剧，大面的沙声，旦角的尖音，小丑的白鼻子，武生的乱滚，这些怪象我都不喜，此外凡过火的事物我都不以为好，而不宽容也就算作其中之一。"（《谈虎集下卷·后记》）

周作人在散文艺术上，毕生追求这种"中庸"之美，以古希腊的节制均衡之美来作为最高的楷模。本文所举出的周作人散文中各种艺术特色，各种意匠经营，全都可以统一在对"中庸"之美的追求里面。他的一切成功，都是"中庸"之美得以实现的成功，并且对中国新文学的发展一直起着巨大的影响。二十世纪三十年代"京派"文学的审美思想，就是崇尚和谐，崇尚节制，而他们的旗帜，他们的精神领袖，正是周作人。①

今天我们应该珍视周作人创造出来的这种美的遗产。我们景仰希腊艺术的不朽的美，可是它在时间空间上都离我们太远，只有周作人就在我们的时代我们的国土上，为我们创造出活生生的希腊式的美，其他任何人都没有做到这个，这是不应该忘记的。可是，进一步想，我们又感到不足，觉得周作人本来还可以做得更好更多，限制了他的还是他自己那个"中庸"的审美标准。他说过这样的话："我的信仰本来极是质朴、明朗，因此也颇具乐观的，可是与现实接触，这便很带有阴暗的影子。"（《过去的工作·凡人的信仰》）他所崇仰的古希腊之美，本来是日光之下的美，是节制、和谐、均衡、稳定、明朗、乐观的美，本来是不该有阴影的。而周作人的和平冲淡，的确往往离不了"阴暗的影子"，同他的审美追求不太一致。这是由于美学理想和现实的矛盾，古希腊式的审美意识和二十世纪中国生活的矛盾。周作人对于这一点本来也有自觉，一九二七年他就说过："我恐怕我的头脑不是现代的，不知是儒家气呢还是古典气太重了一点，压根儿与现代的浓郁的空气有

---

① 李俊国的论文《三十年代"京派"文学思想辨析》（载《中国社会科学》1988年第1期）第三节《崇尚"和谐"——"节制"与"恰当"的文学审美意识》，对此做了精辟的研究。不过他的文章里没有提到周作人作为"京派"精神领袖的地位。

点不合,老实说,我多看琵亚词侣的画也生厌倦,诚恐难免有落伍之虑,但是这也没有什么关系,大约像我这样的本来也只有十八世纪人才略有相像,只是没有那样乐观,因为究竟生在达尔文蔼来则之后,哲人的思想从空中落到地上,变为凡人了。"(《谈虎集下卷·后记》)如果他真正从空中落到地上来,他可以力求把希腊式的审美理想同新的现实结合起来,在这个结合中发展旧的,创造出明朗和阴影不相分裂而相调和的某种全新的美来。以他的艺术能力,应该是可以做到的。他没有这样做,他一方面虚悬一个绝对不变的"中庸"的审美标准,另一方面又避不开现实生活的激荡,不断地为自己未能完全符合标准而苦恼,更为整个时代总是不符合他的标准而气愤。一九三七年他又说:"我的理想只是中庸,这似乎是平凡的东西,然而并不一定容易遇见,所以总觉得可称扬的太少,一面固似抱残守缺,一面又像偏喜呵佛骂祖,诚不得已也。不佞盖是少信的人,在现今信仰的时代有点不大抓得住时代,未免不合式,但因此也正是必要的,语曰,良药苦口利于病,是也。"(《秉烛后谈·自己所能做的》)这就是说,错的不是他,而是时代,他不但不把中庸的理想落到地上,而且要用它做苦口良药来治时代的病,可谓坚持到底。

但是,周作人这种说法里也流露着孤独的悲哀。周作人曾经再三再四地发抒了这种悲哀,说得最感伤的是这样一段:"盖常人者无特别希奇古怪的宗旨,只有普通的常识，即是向来所谓人情物理，寻常对于一切事物就只公平的看去，所见故较为平正真切，但因此亦遂与大多数的意见相左，有时也有反被称为怪人的可能，如汉孔文举明李宏甫皆是，俞（理初）君正是幸而免耳。中国贤哲提倡中庸之道，现在想起来实在也很有道理，盖在中国最缺少的大约就是这个，一般文人学士差不多都有点异人之禀，喜欢高谈阔论，讲他自己所不知道的话，宁过无不及，此莠书之所以多也。如平常的人，有常识与趣味，知道凡不合情理的事，既非真实，亦不美善，不肯附和，或更辞而辟之，则更大有益人心矣。俞理初可以算是这样一个伟大的常人了，不客气的驳正俗说，而又多以诙谐的态度出之，这最使我佩服，只可惜上下三百年此种人不可多得，深恐只手不能满也。"（《秉烛后谈·俞理初的诙谐》）可见周作人所说的作为真善美之统一的"中庸"，无论就真善美哪一方面而言，其实都不仅是常识趣味的低标准，而是脱离实际的最完满的理想标准，持此去衡量，符合的当然少了。说到这里，我们不禁想起鲁迅的话："我想，立'静穆'为诗的极境，而此境不见于诗，也许和立蛋形为人体的最高形式，而此形终不见于人一样。""凡论文艺，虚悬了一个'极境'，是要陷入'绝境'的。"[1] 鲁迅当时是批评朱光潜的"静穆"论的，"静穆"论也是脱离现实地以古希腊的美

---

[1] 鲁迅《且介亭杂文二集·"题未定"草（七）》。

为绝对标准，同周作人的"中庸"论是来自一源的，鲁迅的批评对周作人也是适用的。周作人一生编定出版了十四种散文集，已经不少了，可是现在一查，他自己不收入集的解放前之作有六百篇左右，约计五十万字，其中大部分是战斗性很强的。《知堂集外文编》的编者之一张铁荣指出："这在中国现代作家中，是颇为少见的。"① 他这样做当然不是为了怕得罪人，既已在报刊上发表，又何惧收入集内。他为的是这些文章距离他的美学理想太远了。这样大规模地否定自己，正是虚悬一个"极境"而使自己陷入"绝境"的结果。

---

① 张铁荣《关于周作人的轶文》，载《鲁迅研究动态》1988 年第 2 期。

国家新闻出版广电总局
首届向全国推荐中华优秀传统文化普及图书

大家小书百种书目Ⅱ

经典常谈	朱自清 著
语言与文化	罗常培 著
习坎庸言校正	罗 庸 著
	杜志勇 校注
鸭池十讲（增订本）	罗 庸 著
	杜志勇 编订
古代汉语常识	王 力 著
国学概论新编	谭正璧 著
文言尺牍入门	谭正璧 著
日用交谊尺牍	谭正璧 著
敦煌学概论	姜亮夫 著
训诂简论	陆宗达 著
金石丛话	施蛰存 著
常识	周有光 著
	叶 芳 编
文言津逮	张中行 著
中国字典史略	刘叶秋 著
古典目录学浅说	来新夏 著

诗境浅说	俞陛云　著
唐五代词境浅说	俞陛云　著
两宋词境浅说	俞陛云　著
人间词话新注	王国维　著
	滕咸惠　校注
苏辛词说	顾　随　著
	陈　均　校
诗论	朱光潜　著
唐诗杂论	闻一多　著
诗词格律概要	王　力　著
唐宋词欣赏	夏承焘　著
槐屋古诗说	俞平伯　著
词学十讲	龙榆生　著
词曲概论	龙榆生　著
中国古典诗歌讲稿	浦江清　著
	浦汉明　彭书麟　整理
唐宋词启蒙	李霁野　著
唐人绝句启蒙	李霁野　著
词学名词释义	施蛰存　著
唐宋词概说	吴世昌　著
宋词赏析	沈祖棻　著
闲坐说诗经	金性尧　著
陶渊明批评	萧望卿　著

舒芜说诗	舒芜 著
名篇词例选说	叶嘉莹 著
唐诗纵横谈	周勋初 著
门外文谈	鲁迅 著
我的杂学	周作人 著
	张丽华 编
论雅俗共赏	朱自清 著
文学概论讲义	老舍 著
中国文学史导论	罗庸 著
	杜志勇 辑校
给少男少女	李霁野 著
鲁迅批判	李长之 著
三国谈心录	金性尧 著
夜阑话韩柳	金性尧 著
历代笔记概述	刘叶秋 著
笔祸史谈丛	黄裳 著
古典诗文述略	吴小如 著
红楼梦考证	胡适 著
《水浒传》与中国社会	萨孟武 著
《西游记》与中国古代政治	萨孟武 著
《红楼梦》与中国旧家庭	萨孟武 著

《金瓶梅》人物	孟　超	著
	张光宇	绘
水泊梁山英雄谱	孟　超	著
	张光宇	绘
《红楼梦》探源	吴世昌	著
《西游记》漫话	林　庚	著
细说红楼	周绍良	著
红楼小讲	周汝昌	著
	周伦玲	整理
曹雪芹的故事	周汝昌	著
	周伦玲	整理
中国古典小说漫稿	吴小如	著
三生石上旧精魂		
——中国古代小说与宗教	白化文	著
《金瓶梅》十二讲	宁宗一	著
中国史学入门	顾颉刚	著
	何启君	整理
秦汉的方士与儒生	顾颉刚	著
三国史话	吕思勉	著
史学要论	李大钊	著
中国近代史	蒋廷黻	著
民族与古代中国史	傅斯年	著
民族文话	郑振铎	著

史料与史学	翦伯赞	著
	张传玺	编订
唐代社会概略	黄现璠	著
清史简述	郑天挺	著
两汉社会生活概述	谢国桢	著
中国文化与中国的兵	雷海宗	著
两宋史纲	张荫麟	著
明史简述	吴 晗	著
北宋政治改革家王安石	邓广铭	著
故宫说史	单士元	著
史学遗产六讲	白寿彝	著
司马迁	季镇淮	著
二千年间	胡 绳	著
论三国人物	方诗铭	著
艺术、神话与祭祀	张光直	著
中国古代衣食住行	许嘉璐	著
和青年朋友谈书法	沈尹默	著
桥梁史话	茅以升	著
中国戏剧史讲座	周贻白	著
俞平伯说昆曲	俞平伯	著
	陈 均	编
评书与戏曲	金受申	著
新建筑与流派	童 寯	著

论园	童寯 著
拙匠随笔	梁思成 著
	林洙 编
中国建筑艺术	梁思成 著
	林洙 编
沈从文讲文物	沈从文 著
	王风 编
中国绘画史纲	傅抱石 著
中国舞蹈史话	常任侠 著
世界美术名作二十讲	傅雷 著
金石书画漫谈	启功 著
	赵仁珪 编
梓翁说园	陈从周 著
旧戏新谈	黄裳 著
现代建筑奠基人	罗小未 著
世界桥梁趣谈	唐寰澄 著
中国古代建筑概说	傅熹年 著
简易哲学纲要	蔡元培 著
老子、孔子、墨子及其学派	梁启超 著
中国政治思想史	吕思勉 著
天道与人文	竺可桢 著
	施爱东 编
春秋战国思想史话	嵇文甫 著

晚明思想史论	嵇文甫	著
谈美书简	朱光潜	著
民俗与迷信	江绍原	著
	陈泳超	整理
佛教基本知识	周叔迦	著
希腊漫话	罗念生	著
佛教常识答问	赵朴初	著
大一统与儒家思想	杨向奎	著
孔子的故事	李长之	著
乡土中国	费孝通	著
经学常谈	屈守元	著
墨子与墨家	任继愈	著
汉化佛教与佛寺	白化文	著